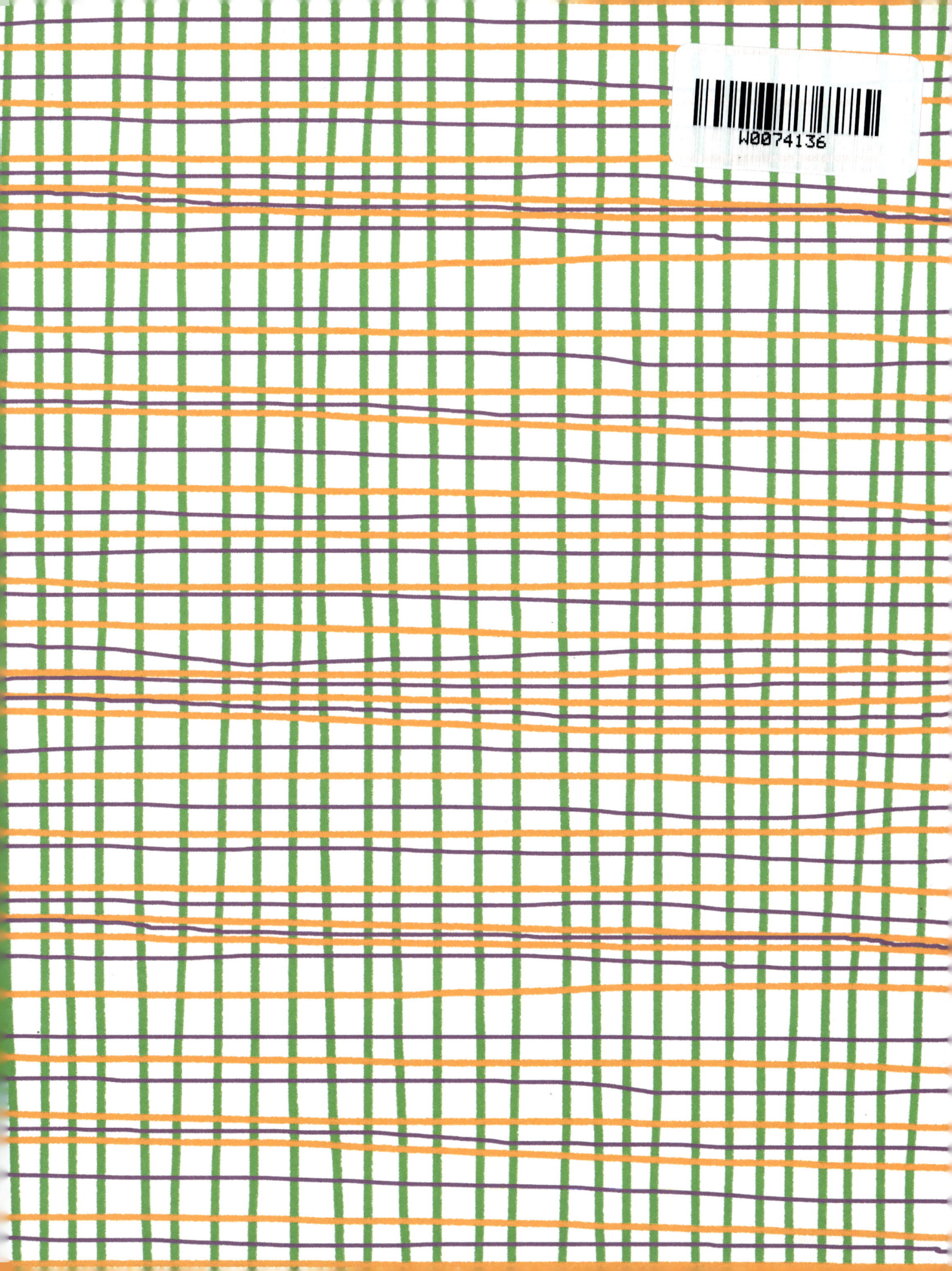

Filzideen
für Kreativkids

Vorwort

Filzen! Diese einzigartige Technik kannten deine Vorfahren schon vor Tausenden von Jahren. Wir haben das Glück, dass die Wolle heute viel bunter und weicher ist. Filzen lässt ein großes Maß an Freiheit zu. Freiheit zum Entdecken und Ausprobieren. Du darfst auch Fehler machen, denn sie lassen sich leicht wieder korrigieren – oder du lässt etwas ganz Neues daraus entstehen. Man kann so unglaublich viel aus Filz herstellen: Spielsachen wie Jonglierbälle und Springseile, bunte Taschen, lustige Tiere und zauberhafte Prinzessinnen-Blüten!

Bist du schon neugierig geworden? Dann probier's einfach mal aus, du wirst schnell zu herrlichen Ergebnissen kommen. Dabei wird die Wolle mal sanft, mal energisch gerieben oder gerollt. Große Werke werden sogar manchmal mit den Füßen gestampft. Du wirst sehen, die farbenfrohe, weiche und warme Wolle regt deine Fantasie an und macht Lust auf weitere Filzkunstwerke.

In diesem Buch kannst du viel über die Wolle und ihren spannenden Weg vom Rohmaterial zum fertigen Produkt lernen. Das Nacharbeiten der Filzsachen ist dank zahlreicher Bilder und Schritt-für-Schritt-Anleitungen überhaupt kein Problem für dich. So gelingen die frechen nadelgefilzten Fische, das Hexenspiel und das hübsche nassgefilzte Täschchen garantiert!

Ich wünsche dir viel Spaß und Kreativität beim Filzen

Katja Bayer

Material

Gefäß und Löffel
– ein Rührbecher oder eine Schüssel eignen sich gut zum Ansetzen der Seifenlauge.

Heißes Wasser
– zum Herstellen der Seifenlauge. Gerade am Anfang sollte die Temperatur gut hautverträglich sein. Zum Nachwässern kann das Wasser richtig heiß sein, da es sich mit dem noch im Werkstück befindlichem kalten Wasser mischt.

Noppenfolie
– für den Schablonenzuschnitt oder um größere Flächen bei der Rolltechnik einzurollen.

Leintuch
– zum Auslegen der Wolle bei Flächen und Formen.

Handtuch
– Mit dem Handtuch kann überschüssiges Wasser abgenommen und die Hände können abgetrocknet werden.

Die Seifenlauge zum Filzen besteht meist aus einem Esslöffel Oliven-seife auf einen halben Liter Wasser. Es kann aber jede Seife verwen-det werden. Je nach Hautverträglichkeit mit Flüssig- oder Schmier-seife arbeiten oder Seife raspeln und mit heißem Wasser ansetzen. Zur Hautschonung etwas Olivenöl zugeben.

Ballbrause oder Wäschesprenkler
– erleichtert das Befeuchten der ausgelegten Wolle.

Filznadel
– damit können Muster nachgebessert oder auf-genadelt werden.

Stifte
– zum Zeichnen der Schablonen.

Bambusmatte und Kern
– wird für die Rolltech-nik benötigt, als Kern können eine Rohrisolie-rung oder ein Papprohr verwendet werden.

Seife
– dient als Gleitmittel.

Unterlage
– das auslaufende Wasser kann gut aufgefangen und abgeschüttet wer-den.

Schere
– zum Begradigen von Rän-dern und Zuschneiden von Schablonenmaterial.

Antirutschmatte
– das Werkstück rutscht beim Walken nicht weg und Wasser kann in den Zwischenräumen aufgefangen werden. Die struk-turierte Oberfläche beschleunigt den Filzvorgang.

So wird's gemacht

Kammzug auszupfen

Das A und O eines schönen Filzes ist das gleichmäßige Auslegen der Wolle. Beim Kammzug kann die Wolle nur gezupft werden, wenn der Halteabstand anderthalb Wollhaarlängen beträgt (10 cm bis 15 cm). Zum Zupfen legst du das ausgedünnte Strangende in einen Handballen und ziehst mit den Fingern der anderen Hand die Fasern heraus. Für eine Fläche diese Strähnen gleichmäßig in eine Reihe legen. Je mehr Wollschichten ausgelegt werden, desto dicker wird der Filz.

Die Wolle darf nur mit trockenen Händen ausgelegt werden. Restwolle schnell wieder an einen trockenen Platz legen!

Wollvlies abtrennen

Das Wollvlies von der Rolle abwickeln und in die gewünschte Größe und Form rupfen. Je nach Dicke des Vlieses noch eine zweite Lage auflegen. Achtung: Vlies ist oft unregelmäßig stark, an dünnen Stellen müssen noch Wollflocken aufgelegt werden.

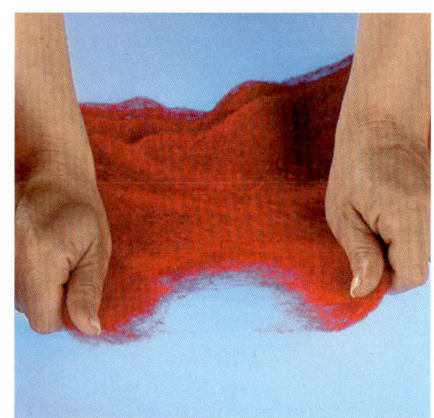

Filzen

Die ausgelegte Wolle durch vorsichtige, kreisende Bewegungen anfilzen. Die Fasern dürfen nicht verschoben werden! Zum einfacheren Anfilzen kann eine Folie auf das Arbeitsstück gelegt werden, diese verhindert das Verrutschen der Wolle und hält die Wärme länger in der Seifenlauge.

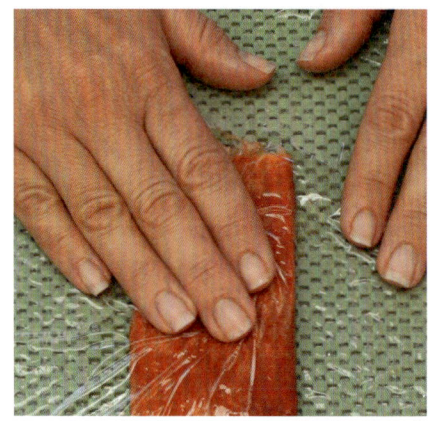

Während des Filzens den Druck langsam steigern; die Kraft sollte sich dem Grad des Durchfilzens anpassen. Immer nur soviel Druck auf die Wolle ausüben, dass sich die Wollfasern nicht verschieben. Dabei von außen nach innen reiben, da sonst Löcher bzw. dünne Stellen entstehen. Hat sich die Oberfläche verfestigt und lassen sich keine einzelnen Fasern mehr aus dem Filz ziehen, beginnt das Walken. Zum Walken von Flächen die Filzarbeit in ein Lein- oder Handtuch einrollen und mit Druck zwei Minuten vor und zurück rollen. Dann öffnen, die Arbeit um 90 Grad drehen und das Walken von dieser Seite wiederholen. So alle Seiten gleichmäßig bearbeiten, drehen und nochmals von allen Seiten gleichmäßig bearbeiten. Bei Filzarbeiten wie Bällen oder Schnüren wird das Objekt zum Walken ohne weitere Hilfsmittel über eine Antirutschmatte gerollt.

Zum einfacheren Anfilzen kann eine Folie auf das Arbeitsstück gelegt werden, diese verhindert das Verrutschen der Wolle und hält die Wärme länger in der Seifenlauge. Auf die Folie ebenfalls Seifenwasser sprühen, damit die Hände über die Folie gleiten.

Kleinen Kindern kann der Vorgang des Anfilzens durch ein Bild verdeutlicht werden: Das Anfilzen erfolgt so sanft, als würden sie ein Küken in ihrer Hand streicheln.

Schrumpfmaß

Wolle schrumpft beim Filzen, um wie viel kann mit dem Schrumpffaktor berechnet werden. Dafür Wolle auf einer Fläche von 30 cm x 30 cm auslegen und filzen. Misst die Fläche danach z. B. 20 cm x 20 cm, so lässt sich daraus der Schrumpffaktor berechnen: 30 : 20 = 1,5. Mit dem errechneten Schrumpffaktor wird jedes gewünschte Endmaß multipliziert, um das Format für eine Schablone zu erhalten.

Feinfasrige Wolle geht mehr ein als grobfasrige und dick ausgelegte Wolle schrumpft schwächer als dünn ausgelegte.

Auch die Filztechnik ist entscheidend: In der Matte gerollte Filzstücke gehen weniger ein als in der Reibetechnik gefertigte. Im Handtuch gewalkte Stücke schrumpfen stärker als im Leintuch gearbeitete.

Wolle geht immer in die Richtung ein, in die gewalkt wird, deshalb muss das Werkstück von allen Seiten gleichmäßig gefilzt und gewalkt werden.

Tierisch

Schon Anfänger können Lieblingstiere filzen —
oder freche Fingerpüppchen, die einfach tierisch
witzig sind. Dabei lernst du das Nadelfilzen und
erstes, einfaches Nassfilzen.

Flinke Fische

erstes Nadelfilzen

Motivgröße
ca. 7 cm

**Material
pro Fisch**
* Merinowolle im Kamm-
  zug in Blau, ca. 5 g
* etwas Merinowolle im
  Kammzug in verschie-
  denen Farben
* Keksausstecher in
  Fischform

Nadelfilzen

Für das Filzen mit der Nadel die Filznadel und eine Schaumstoffunterlage bereitlegen. Die Filznadel hat an der Spitze kleine Widerhaken, die beim Einstechen die einzelnen Wollfasern in das Arbeitsstück ziehen, wodurch es mit der Zeit verfestigt wird. Es gibt drei Stärken: „dick" zum groben Vorfilzen größerer Teile, „mittel" für die Formgebung und „fein" zum Kaschieren der Einstichlöcher. Die Filznadel kontrolliert und gerade führen, da sie sonst leicht abbricht oder sich verbiegt.

> ! Durch einen Keksausstecher wird die Grundform vorgegeben. Zusätzlich ist durch die Umrandung die Verletzungsgefahr etwas gebannt. Nach genauer Einweisung können auch Kinder im Kindergartenalter mit Nadel und Förmchen filzen.

1 Lege das Ausstechförmchen auf die Schaumstoffunterlage und fülle es gleichmäßig randhoch mit Wolle.

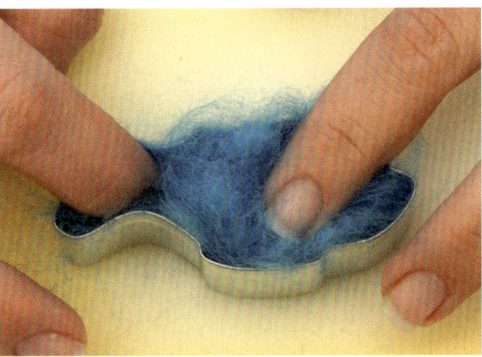

2 Mit der einen Hand die Ausstechform auf der Unterlage halten, mit der anderen Hand die Filznadel führen. Gleichmäßig verteilt über die Fläche einstechen.

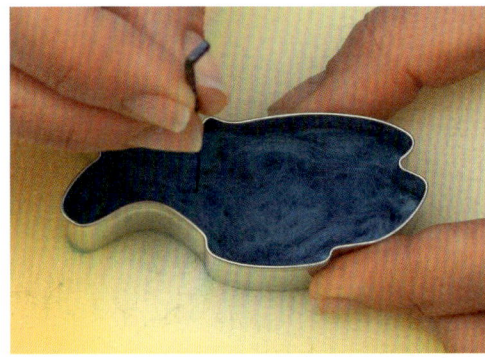

3 Ab und zu wendest du das Fischlein: Die Form entfernen, die Wolle sachte von der Schaumstoffunterlage lösen, die Form wieder auf die Unterlage setzen und das Werkstück umgedreht hineinlegen. Wieder nadeln, dann abermals wenden.

4 Um eine plastische Form zu erhalten, musst du nun gezielt Wolle aufbauen: Beim Fisch ist der Körper dicker als die Flossenpartie, dafür aus ein paar Wollfasern einen Bausch formen und am Körper aufnadeln. Je nach Form wird beidseitig Wolle aufgebaut. Für eine deutlichere Form musst du am Rand häufiger einstechen, damit er fest wird.

5 Ist die gewünschte Grundform aufgebaut und die Wolle verfestigt, den Keksausstecher entfernen und das Werkstück mit seitlichen Nadelstichen bearbeiten.

6 Jetzt kannst du mit kleinen, andersfarbigen Wollflocken gezielt Muster aufnadeln.

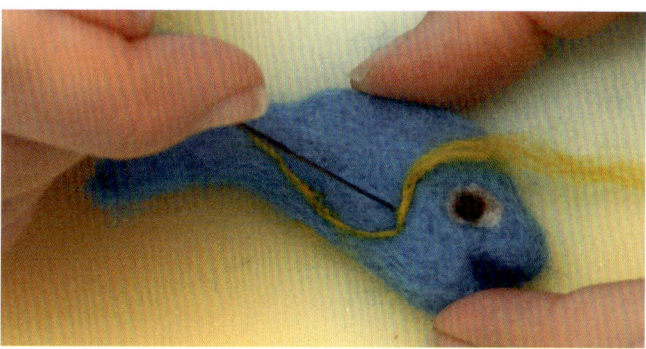

7 Die Form mit warmem Seifenwasser und seifigen Händen nass nachfilzen. Dadurch verschwinden zu große Einstichlöcher und die Form kann durch gezieltes Reiben individuell gestaltet werden. Diese Dekorationsstücke nicht auswaschen, die Wolle erhält durch die enthaltene Restseife einen Mottenschutz.

Du solltest immer auf der Schaumstoffunterlage filzen, nicht in der Hand. Mit der spitzen Nadel kann man sich anderenfalls leicht verletzen.

Auch dem Teddy rechts hat ein Ausstechförmchen die Form gegeben. Deine gefilzten Kunstwerke können mit Schätzen aus der Natur (Steinen, Muscheln und Zapfen) lose in einer Schale oder auf dem Tisch dekoriert werden. Schön sind sie auch an einem Perlonfaden aufgereiht oder zu einem Mobile verarbeitet. Auch ganz viele andere Formen wie Sterne, Blumen, Herzen oder Dinos kannst du so gestalten.

Fingerpüppchen

tierisch frech!

Motivgröße
ca. 7 cm

Material

* Merinowolle im Kammzug, ca. 6 g
* sehr dünne Strähne Merinowolle im Kammzug, ca. 40 cm lang
* etwas Merinowolle im Kammzug in Weiß
* wasserfester Filzstift in Schwarz
* Noppenfolie für Schablone, 5 cm x 13 cm
* Frischhaltefolie
* Rocailles in Rot, ø 2,4 mm
* Nadel und Nähgarn in verschiedenen Farben

Vorlagen
Seite 78

1 Damit das Püppchen auf einen Finger gesteckt werden kann, trennt eine Schablone aus Noppenfolie die Filzschichten. Die Schablone auf der Antirutschmatte mit der geraden Seite zum Körper hin ausrichten.

2 Du legst den Halbkreis mit Wolle aus, sodass die gezupften Wollfasern an den Seiten leicht über den Schablonenrand hinaus ragen und am unteren Rand bündig liegen.

3 Eine zweite Lage kreuzweise zur ersten auslegen und die Filzwolle mit Seifenlauge durchfeuchten.

4 Lege ein Stück Folie auf und befeuchte es mit Seifenwasser, damit deine Finger besser über die Folie gleiten können. Durch sanfte, kreisende Bewegungen auf der Folie wird die Wolle angefilzt. Die überstehende Wolle aussparen, sie wird nicht gefilzt.

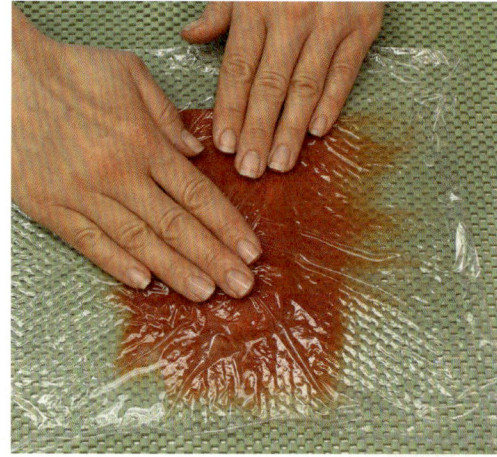

5 Das Arbeitsstück inklusive der Schablone wenden. Die oben aufliegende Schablone gegebenenfalls zurechtrücken, sodass sie am unteren Rand übersteht. An den übrigen Seiten die Wolle fest um den Schablonenrand legen. Entstandene Falten streichst du mit den Fingern glatt. Ist die Schablone nicht gleichmäßig mit der umgeschlagenen Wolle bedeckt, musst du noch Wolle nachlegen.

6 Jetzt solltest du die Wolle wieder nass machen, die Folie wieder auflegen und diese Seite ebenfalls anfilzen. Dafür von außen nach innen reiben. Können keine einzelnen Wollfasern mehr aus dem Arbeitsstück herausgezogen werden, ist die Wolle angefilzt.

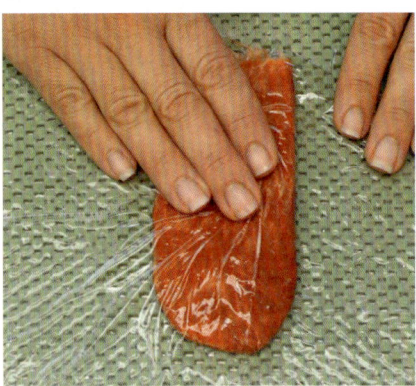

7 Die Schablone entfernen. Einen Finger in die Filzarbeit stecken und mit der anderen Hand kreisend den Schablonenabdruck aus dem Püppchen reiben.

8 Nun wickelst du das Werkstück in ein Handtuch und rollst es zum Walken etwa zwei Minuten vor und zurück. Dann kannst du es wieder auspacken, die Form zurechtzupfen, über dem Finger in Form bringen, eventuell noch einmal nass machen und von einer anderen Seite einrollen und weiter walken. Das wiederholst du so oft, bis die gewünschte Größe erreicht ist – die Wolle schrumpft immer in Walkrichtung! So kannst du auf Länge und Breite des Püppchens Einfluß nehmen. Dann den unteren Rand umschlagen.

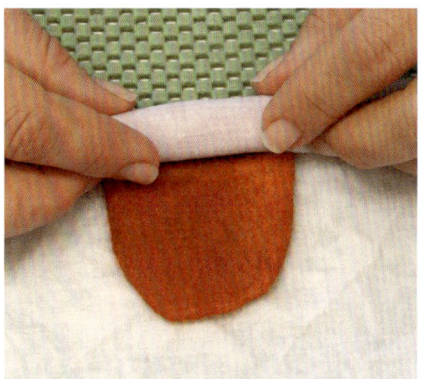

9 Jetzt sind die Haare dran: Du filzt eine dünne Schnur, indem du einen dünnen Wollstrang auf einer trockenen Unterlage hin und her rollst, sodass die Luft herausgedrückt wird. Dann gibst du etwas warme Seifenlauge auf die Antirutschmatte (nicht direkt auf die Wolle geben, sonst wird die Schnur wieder platt). Die vorgeformte Schnur darin mit wenig Druck hin und her bewegen, bis sie vollkommen nass ist. Dann kannst du den Druck stetig erhöhen, aber nur soviel, dass die Form der Schnur erhalten bleibt. Die Schnur ganz fest filzen.

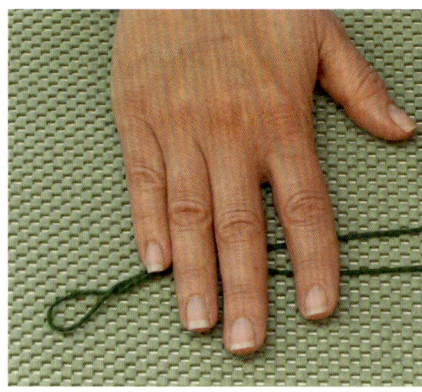

10 Nun 4 cm lange Stücke abschneiden und noch kurz weiter filzen, dadurch werden die Schnittkanten geglättet.

11 Für die Augen aus der weißen Wolle zwei kleine Kugeln formen und mit Seifenwasser in der Handfläche filzen. Ausspülen und trocknen lassen.

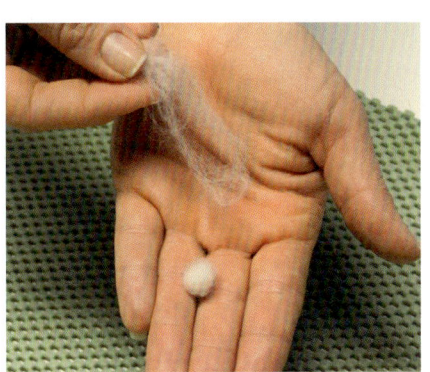

12 Mit einem wasserfesten Stift kannst du auf jedes Auge eine schwarze Pupille malen.

13 Dann nähst du die Augen, für die Nase eine Rocaille, und die Haare (mittig geknickt) an dein Püppchen. Zum Schluss kannst du noch einen lachenden Mund aus rotem Nähgarn im Steppstich aufsticken.

Freundschaftswürmer

frech und freundlich

Motivgröße
ca. 9 cm

Material
pro Wurm

* Merinowolle im Kammzug in beliebigen Farben, ca. 3 cm x 15 cm lang
* ganz dünner Strang Merinowolle im Kammzug in anderer Farbe, ca. 1 m lang
* Nadel und Nähgarn in beliebigen Farben sowie in Rot
* Rocailles, 2 x ø 2,2 mm und 1 x ø 4 mm

> **!** Die Würmer eignen sich gut als Gruppenarbeit – beispielsweise an einem Kindergeburtstag.

1 Die Würmer bestehen aus kleinen Kugeln. Je mehr Kinder mitfilzen, desto bunter werden sie: Um mehrere gleichfarbige Kugeln herzustellen, verwendet man als Grundform eine dicke Schnur. Vom Kammzug drei ca. 15 cm lange Stücke abtrennen. Die Wolle rollst du zum Vorformen auf dem Oberschenkel hin und her, sodass die Luft aus ihr herausgedrückt wird.

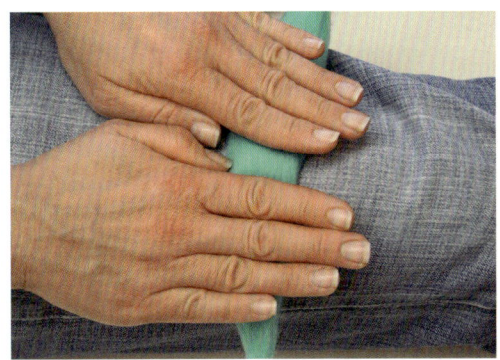

2 Gib warme Seifenlauge auf die Antirutschmatte (nicht direkt auf das Arbeitsstück geben, sonst wird die Schnur wieder platt). Die vorgeformte Schnur mit wenig Druck hin und her bewegen, bis sie vollkommen nass ist. Dann kannst du den Druck stetig erhöhen, aber nur so viel, dass die Form erhalten bleibt.

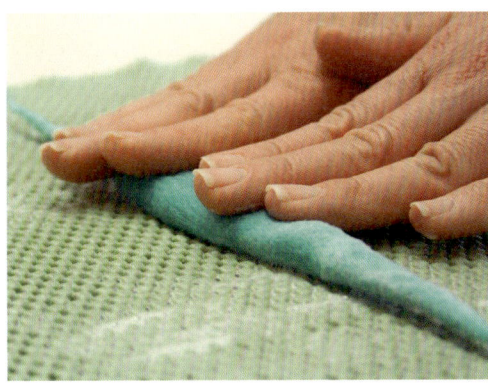

3 Nun solltest du die Schnur ganz fest filzen, dann kannst du sie in Stücke schneiden, die so breit sind wie die Schnur dick ist.

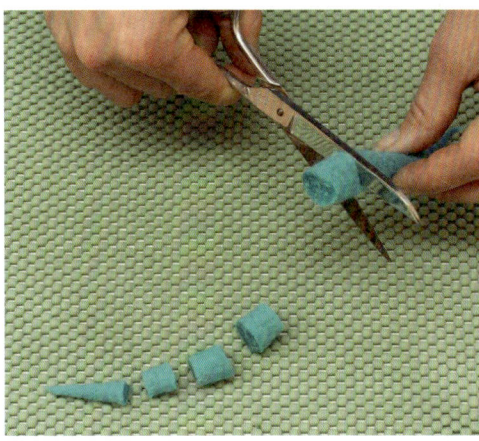

4 Die Stücke auf der Antirutschmatte durch kreisende Bewegungen zu Kugeln filzen. Auch die Endstücke der Schnur werden als Schwanzenden kreisend mitgefilzt.

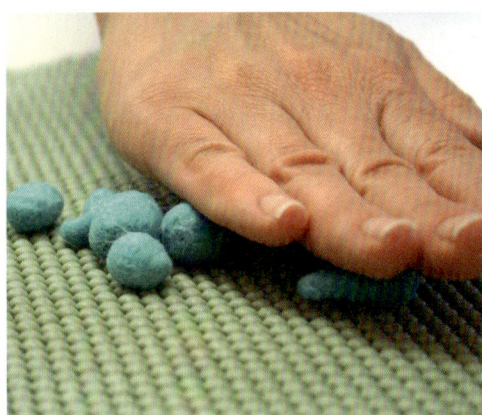

5 Sind die Kugeln fertig gefilzt, kann die große Freundschaftstauschaktion beginnen: Für jeden Wurm benötigt man vier Kugeln und ein Endstück.

6 Für die Haare und zum Abbinden zwischen den einzelnen Körpersegmenten werden jeweils etwa 5 cm Schnur benötigt. Diese kannst du aus einer 1 m langen, dünnen Strähne (halb so dick wie ein Bleistift) filzen.

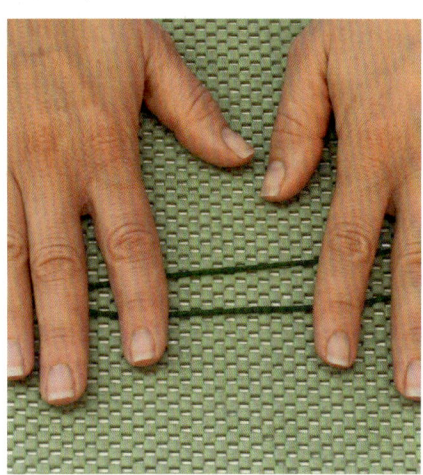

7 Die Kugeln mit Nadel und Faden vom Kopf aus in Richtung Schwanz zusammennähen. Dann musst du den Faden sehr straff vom Schwanz bis zum Oberkopf durch alle Kugeln ziehen und ihn anschließend vernähen. Dadurch entsteht die Biegung des Wurms. Zwischen die einzelnen Wurmglieder Schnurstücke binden.

8 Den Rest der Schnur in ca. 4 cm lange Stücke schneiden und diese auf der Antirutschmatte walken, damit die Schnittstellen verfilzen. Dann als Haare annähen. Für die Augen zwei kleine Glasperlen, für die Nase eine große Glasperle aufsetzen. Jeweils farblich passendes Nähgarn verwenden. Den lachenden Mund kannst du mit rotem Garn im Steppstich aufnähen.

Variante: Schneckenpost!

Halte dich an die Anleitung der Würmer, aber arbeite in einer einzelnen Farbe: Die Schneckenkörper werden aus nur einem Strang gefilzt, da sie sonst nicht in die Häuschen passen. Die Schneckenhäuser kannst du nach Belieben umfilzen. Dafür etwas Wolle auf ein Häufchen zupfen, damit das Schneckenhaus einpacken und in Seifenlauge tauchen. Beim Filzen solltest du darauf achten, dass die Öffnung nicht zugefilzt wird. Diese schön ausformen, indem du die Wolle beim Filzen so weit wie möglich nach innen drückst.

Praktisch

Filze dir viele praktische Alltagshelfer oder mache
mit Nützlichem lieben Menschen eine Freude.
Sicherlich freuen sich auch deine besten Freunde
über einen kuschelweichen Stift zum Geburtstag!

Umgarnt

Tasche mit Wickelbändchen

Motivgröße
24 cm x 28 cm
12 cm x 15 cm

Material große Tasche

* Merinowolle im Kammzug in Dunkelblau, ca. 35 g
* Merinowolle in Hellblau, ca. 1,30 m langer, bleistiftdicker Strang

Kleine Tasche

* Merinowolle im Kammzug in Grün oder Orange, ca. 15–20 g
* Merinowolle in Rot oder Rosa, ca. 1 m langer, bleistiftdicker Strang

Für beide Taschen

* Noppenfolie für Schablone
* Bambusrollo
* Bügeleisen

Vorlagen
Seite 78

1 Bereite den Arbeitsplatz vor: Lege entsprechend der Größe der Schablone die Unterlage mit einer Antirutschmatte aus. Als Unterlage zum Filzen eignet sich ein Backblech. Lege darauf ein Tuch (z.B. ein altes Leintuch, das etwa doppelt so groß wie das Werkstück ist) und auf dieses die Taschenschablone aus Noppenfolie. Da die Wolle beim Filzen schrumpft, muss die Schablone ca. 30 Prozent größer sein als die Tasche groß werden soll. Die rechteckige Form ist an einer Seite abgerundet.

2 Zuerst wird das gewünschte Muster auf die Schablone gelegt. Trenne dazu einen langen Strang vom Kammzug ab und teile ca. ein Drittel der Länge nochmals in der Mitte. Lege die zwei dünneren Enden aufeinander, um eine Schlinge zu erhalten. Rolle die Schnur sowie die Schlinge trocken auf dem Knie vor. Filze den dickeren Teil zu einer Schnur (die Schlinge bleibt ungefilzt). Gib etwas Seifenlauge auf die Antirutschmatte und rolle die Schnur anfangs mit wenig Druck darauf hin und her, bis sie vollkommen nass ist. Dann kannst du den Druck stetig erhöhen, achte aber darauf, dass die Schnur in Form bleibt.

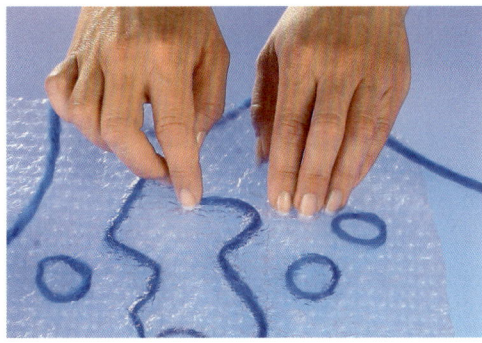

3 Lege die ungefilzte Schlinge als Taschenmuster um und auf die Schablone aus Noppenfolie. Den schon gefilzten Teil der Schnur als Verschluss in die Mitte des Taschenumschlags (nicht abgerundeter Teil der Schablone) legen. Um das Muster weiter auszuarbeiten, kannst du bunte Wollflocken auflegen.

4 Lege nun die Wolle auf der Tasche (unterer, abgerundeter Teil der Schablone) aus. Am Rand sollten die gezupften Wollfasern zur Hälfte über die Schablone herausragen. Lege zuerst die Wolle rund um den unteren Rand, dann füllst du die Fläche dazwischen aus.

folie auf die Filzfläche. Spritze etwas Wasser darauf und reibe mit leichten, kreisenden Bewegungen über die Klarsichtfolie, so wird die Wolle darunter angefilzt. Arbeite mit sanftem Druck von außen nach innen. Die Fasern dürfen nicht verrutschen. Mit der Zeit kannst du den Druck erhöhen.

7 Wenn die Wolle fest verbunden ist und du keine einzelnen Fasern mehr aus der Fläche ziehen kannst, drehe die Filzarbeit um, sodass die Schablone obenauf liegt. Klappe die herausragenden Wollfasern um den Schablonenrand, befeuchte sie und ziehe die entstandenen Falten mit den Fingern vorsichtig glatt.

8 Lege dann auch diese Seite der Schablone (nur die Tasche, nicht den Umschlag) mit zwei Schichten Wolle aus, allerdings

nur exakt bis zum Schablonenrand. Befeuchte die Wolle wieder von außen nach innen.

9 Filze wieder in der Reibetechnik. Damit die Fasern nicht so leicht verrutschen, kannst du eine Klarsichtfolie auf die Wolle legen. Während des Filzens steigerst du den Druck allmählich, aber immer nur so viel, dass sich die Wollfasern nicht verschieben. So fortfahren, bis sich keine Fasern mehr aus dem Objekt ziehen lassen.

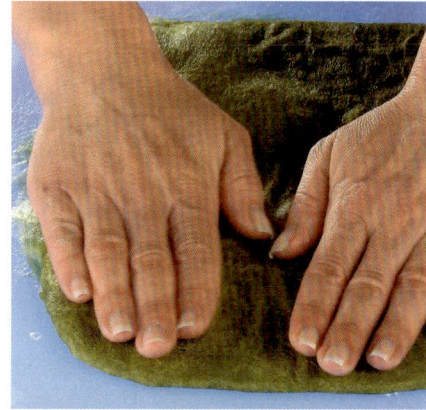

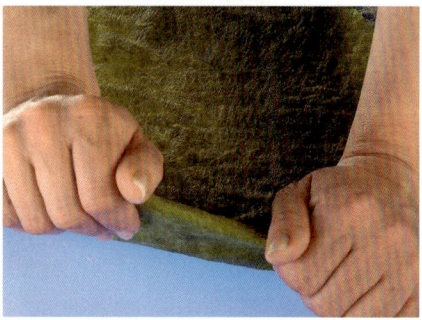

5 Anschließend wird der obere Teil der Schablone mit Wolle bedeckt (das wird der Taschenüberschlag). Auch hier die Wollstücke zuerst am Rand entlang legen, sie überlappen allerdings nicht. Dann wieder die Fläche dazwischen füllen. Lege anschließend eine weitere Schicht Wolle kreuzweise auf die Tasche. Lasse die Strähnen am Rand wieder überstehen und am Überschlag bündig mit dem Schablonenrand enden.

6 Befeuchte die Wolle mit einer Ballbrause, beginne dabei am Schablonenrand. Die überstehenden Fasern werden nicht nass gemacht. Vom Rand zur Mitte hin weiter Wasser aufspritzen. Drücke dann mit seifig-nassen Händen die Luft aus den Wollschichten und lege Klarsicht-

10 Ist die Wolle überall gut angefilzt, arbeitest du die Ränder noch einmal nach. Dazu eine Hand in die Tasche stecken, sie stützt von innen, und mit der anderen von außen in kreisender Bewegung filzen.

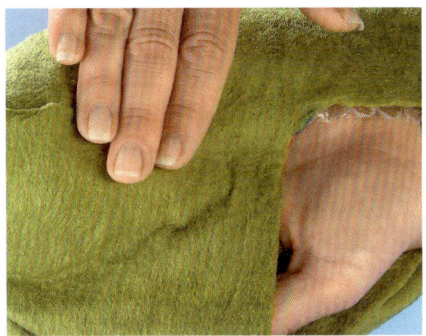

11 Nimm die Schablone aus der Tasche und wende diese. Klappe den Überschlag zu. Lege die Tasche in Form gebracht auf ein Handtuch (bei großen Taschen auf ein Leintuch und dieses auf ein ausgerolltes Bambusrollo). Die lange Schnur legst du neben die Tasche auf das Tuch. Rolle das Tuch bzw. Rollo zusammen und binde es mit Schnüren zusammen. Nun wird die Tasche gewalkt, wodurch der Filz stark schrumpft, dadurch aber gleichzeitig fest und stabil wird.

12 Bewege die Rolle beim Walken drei bis vier Minuten mit den Unterarmen vor und zurück. Dann öffnest du sie, zupfst sie wieder in Form, drehst die Tasche um 90 Grad, rollst alles wieder ein und walkst weiter. Wiederhole diesen Vorgang von allen Seiten der Tasche. Anschließend wäschst du sie unter fließendem Wasser aus, legst sie in Form und trocknest sie auf einem Handtuch. Abschließend wird die Tasche mit einem feuchten Baumwolltuch auf höchster Stufe gebügelt.

Zum Filzen kannst du jede Seife verwenden, prima ist Schmierseife. Wenn du Blockseife verwendest, raspelst du sie vorher und setze sie mit Wasser an. Je mehr Wasser du zugießt, desto flüssiger wird die Seife. Zur Hautschonung kannst du noch etwas Olivenöl dazu geben.

Schlüsselschnur

einfach anhänglich

Motivgröße
ca. 25 cm

Material
* Strang Merinowolle im Kammzug in beliebiger Farbe, ca. 40 cm lang (ca. 3 g)
* einige bunte Wollflocken
* Schlüsselring
* Karabinerhaken
* evtl. Nadel und Nähgarn in beliebiger Farbe

1 Auf deinen Wollstrang kannst du nach Belieben andersfarbige Wollflocken auflegen. Den bunten Wollstrang dann trocken vorrollen.

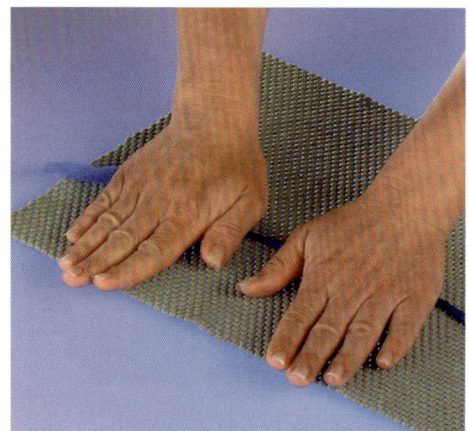

2 Die Unterlage mit Seifenlauge befeuchten und den Wollstrang behutsam hin- und herrollen, damit die bunten Flocken anfilzen. Langsam kannst du den Druck auf die Schnur erhöhen, etwa 6 cm an jeder Seite bleiben allerdings ungefilzt.

3 Die ungefilzten Enden in der Mitte teilen und jeden Strang einzeln zweifingerbreit filzen. Anschließend die ungefilzten Endzipfel zusammenfilzen. So entstehen die Schlaufen für Karabiner und Schlüsselring.

4 Die Schnur sehr fest filzen, damit sie der starken Belastung einer Schlüsselkette standhält. Abschließend Karabiner und Schlüsselring befestigen.

Die Schlinge auf der Karabinerseite eventuell zusätzlich mit Nadel und Faden fixieren. So geht kein Schlüssel mehr verloren!

Stift im Schafspelz
für warme Worte

Motivgröße
ca.. 25 cm

Material
* Faserschreiber als Schablone (kein Buntstift!)
* Merinowolle im Kammzug in beliebiger Farbe, ca. 5 g
* dünne Strähne in Kontrastfarbe, 30 cm lang

1 Entsprechend der Stiftlänge (so lange wie der Filzstift ist, den du als Schablone benutzt) Filzwolle auslegen. Die zweite Lage kreuzweise darüber.

2 Den Stift legst du auf die Wolle und rollst ihn damit ein, sodass er komplett ummantelt ist.

3 Auf die Antirutschmatte in der Länge der Filzarbeit Seifenlauge sprühen. Den ummantelten Stift durch das Wasser rollen, anheben und nochmals in die gleiche Richtung rollen, bis die Wolle mit Seifenwasser getränkt aber noch nicht angefilzt ist.

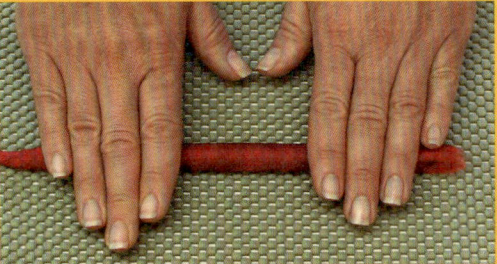

4 Rolle eine feine etwa 30 cm lange Strähne trocken auf deinem Oberschenkel vor und lege sie um den Stift.

5 Mit nassen Händen den Stift vorsichtig hin- und herrollen. Den Druck stetig erhöhen, bis die Wollschicht fest ist und eng um den Stift liegt.

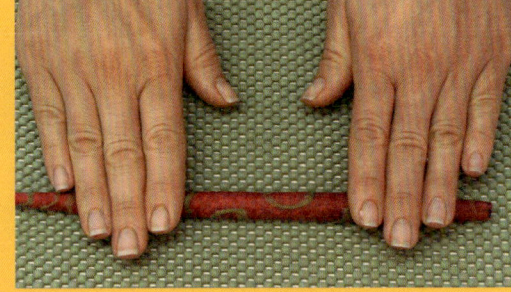

6 Ziehe den Stift vorsichtig aus der Wollhülle und ersetze ihn sofort durch den Bunt- oder Bleistift, dem die Hülle gehören soll. Auf einem Handtuch trocknen lassen.

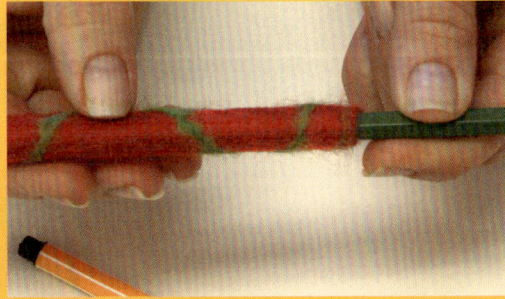

Stifte in Filzhüllen sind nicht nur hübsch anzuschauen. Kürzere Blei- und Buntstifte werden so wieder lang.

Als Muster können auch andersfarbige Wollflocken aufgelegt werden. Beim Anfilzen wird dann weniger Geduld benötigt, der Effekt ist aber ebenso schön.

Wichtelei

Wichtelmützen fürs Frühstücksei

Motivgröße
ca. 20 cm

Material
* Merinowolle im Kammzug, in beliebiger Farbe, ca. 12 g je Eierwärmer

Blüteneierwärmer
* Merinowolle im Kammzug in Orange, ca. 10 g je Eierwärmer
* Merinowolle im Kammzug in Grün, ca. 3 g je Eierwärmer
* Rest Merinowolle im Kammzug in Dunkelrot
* Schere

Für beide
* Noppenfolie für Schablone, A4

Vorlagen
Seite 79

1 Übertrage die Vorlagenzeichnung und schneide dir eine Schablone aus Noppenfolie zu. Richte die Schablone auf der Antirutschmatte mit der geraden Seite zum Körper hin aus.

2 Lege sie mit Wolle aus, sodass die gezupften Wollfasern an den Seiten leicht über den Schablonenrand hinausragen und am unteren Rand bündig liegen. Eine zweite Lage kreuzweise zur ersten auslegen und die Filzwolle mit Seifenlauge durchfeuchten.

3 Lege ein Stück Folie auf und besprühe es mit Seifenwasser, damit deine Finger besser über die Folie gleiten können. Durch sanfte, kreisende Bewegungen auf der Folie wird die Wolle angefilzt. Spare die überstehende Wolle aus, sie wird nicht gefilzt.

4 Wende das Arbeitsstück inklusive der Schablone. Die oben aufliegende Schablone gegebenenfalls zurechtrücken, sodass sie am unteren Rand übersteht. An den übrigen Seiten die Wolle fest um den Schablonenrand legen. Entstandene Falten streichst du mit den Fingern glatt. Ist die Schablone nicht gleichmäßig mit der umgeschlagenen Wolle bedeckt, musst du noch Wolle nachlegen.

5 Jetzt solltest du die Wolle wieder nass machen, die Folie erneut auflegen und diese Seite ebenfalls anfilzen. Dafür von außen nach innen reiben. Wenn keine einzelnen Wollfasern mehr aus dem Arbeitsstück herausgezogen werden können, ist die Wolle angefilzt. Vergiss nicht, zwischendurch immer wieder die Spitze wie eine Schnur zu rollen, um einen schönen Zipfel zu bekommen.

6 Entferne die Schablone wieder. Ein paar Finger in den Eierwärmer stecken und mit der anderen Hand kreisend den Schablonenabdruck aus dem Mützchen reiben.

7 Nun wickelst du das Zipfelmützchen in ein Handtuch und rollst es zum Walken etwa zwei Minuten vor und zurück. Dann kannst du es wieder auspacken, die Form zurechtzupfen, eventuell noch einmal nass machen und von einer anderen Seite einrollen und weiter walken. Das wiederholst du so oft, bis die gewünschte Größe erreicht ist. Der Zipfel kann vor dem Trocknen noch gebogen werden.

Variante: Blüte

1 Der Blüteneierwärmer wird ganz ähnlich gemacht: Erst legst du dünne dunkelrote Fasern auf die Schablone und dann zwei Lagen Merinowolle in Orange über Kreuz darauf.

2 Über den oberen Schablonenrand in Grün ein Dreieck legen, bei dem die ausgedünnten Fransen über den orangefarbenen Blütenkelch ragen, das ergibt den Stielansatz. Jetzt geht es weiter wie oben (Schritt 2 bis 7) beschrieben.

3 Hast du die Schablone entfernt, reibst du den Knick glatt. Dann am unteren Rand 2 cm hohe Zacken einschneiden. Walke nun dein Werk. Die Zacken nach jedem Walkvorgang zurechtzupfen und den Stielansatz immer wieder wie eine Schnur rollen. Vor dem Trocknen die Zacken nach außen drücken und aufgestellt trocknen lassen.

Praktischer Beutel

für dies und das

Motivgröße
ø ca. 30 cm

Material

* Merinowolle im Kamm-zug in beliebiger Farbe, ca. 35 g
* 3 verschiedenfarbene, bleistiftstarke Woll-stränge, 80 cm lang
* evtl. Frischhaltefolie
* Zirkel oder große Topf-deckel
* Häkelnadel
* Papier, A2

1 Male mit dem Zirkel einen Kreis, ø 40 cm, auf ein großes Papier. Dann überträgst du ihn auf Noppenfolie und schneidest dir daraus eine Schablone aus. Lege die Kreisschablone auf die Antirutschmatte. Soll der Beutel mit einem Mu-ster versehen werden, wird dieses zuerst auf die Schablone gelegt. Dafür sprühst du Wasser auf die Schablone und arbeitest mit dünnen Kamm-zugsträhnen das Muster aus. Soll eine Fläche ge-legt werden, wird mit der Kammzugsträhne die Kontur gelegt und mit gezupften Wollfasern das Innere ausgelegt.

2 Nun wird der Kreis zweilagig und bündig mit dem Schablonenrand ausgelegt. Die ausgelegte Wolle von außen nach innen mit heißer Seifen-lauge besprengen. Mit seifig-nassen Händen drückst du die Luft aus den Wollschichten und verteilst das Wasser gleichmäßig. Wolle, die über den Schablonenrand steht, bündig ein-schlagen.

3 Dann mit kreisenden Bewegungen die Wolle anfilzen. Wichtig ist, dass du mit sanftem Druck vom Rand zur Mitte hin auf die Wolle einwirkst. Zum Anfilzen kann eine Folie auf das Arbeits-stück gelegt werden, das verhindert das Verrut-schen der Wolle und hält die Wärme der Lauge länger.

Große Topfdeckel oder Teller eignen sich prima dazu, um auf der Noppenfolie einen Kreis vorzuzeichnen. Mit Perma-nentmarker oder Buntstift umfahren. Fertig!

4 Während des Filzens den Druck steigern. Das wird so lange fortgeführt, bis sich keine Fasern mehr aus dem Objekt ziehen lassen. Dann wendest du deinen Filzkreis und reibst auch die andere Seite.

5 Jetzt kannst du etwa 3 cm vom Rand entfernt in gerader Anzahl die Löcher für die Schnur mit einem Buntstift anzeichnen. Jedes Loch sollte 5 mm lang sein.

6 Dann wickelst du deinen Filzkreis in ein Handtuch und walkst ihn für zwei Minuten hin und her (Walkrichtung = Schrumpfrichtung). Dann rollst du ihn aus, ziehst ihn in Form und rollst ihn zur anderen Seite wieder ein. Das wird so lange wiederholt, bis der Kreis die gewünschte Größe erreicht hat und der Rand eine schöne Kante hat. Dann kannst du ihn auswaschen.

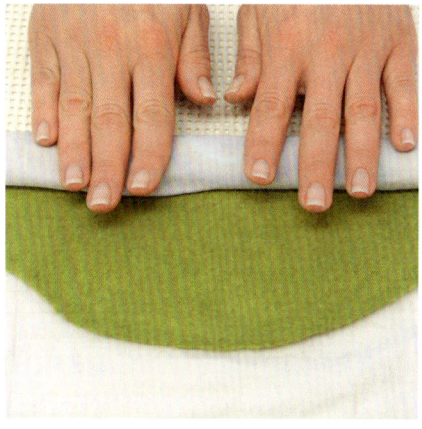

7 Für die Verschlussschnur vorsichtig die drei bunten Stränge flechten. Das Flechten fällt leichter, wenn jemand den Anfang der Schnur hält. Nun Seifenwasser auf die Antirutschmatte geben und die Schnur mit sanften Bewegungen filzen. Die Flechtschnur mit einer Häkelnadel durch die Löcher fädeln und den Beutel zusammenziehen. Nun kann dein Krimskrams-Beutel trocknen.

Bleiben die Wollfasern an den Fingern hängen, die Hände und ggf. auch das Werkstück mit Seife einreiben. Ein Teil der Seife muss aber vor dem Walken wieder ausgewaschen werden, da zuviel Seife das Verfestigen des Filzes verhindert.

Variante: Topflappen

Material

* Merinowolle im Kammzug, 60g

1 Wenn du noch ein Muttertagsgeschenk suchst, kannst du ganz einfache Topflappen herstellen. Sie gehen fast wie der praktische Beutel: Schneide dir zwei Kreise mit Durchmesser 20 cm als Schablone zu. Verfahre damit wie in den Arbeitsschritten 1-4 des Beutelchens.

2 Denke daran, die Wollschichten dachziegelartig überlappend zu legen. Arbeite dabei parallel an beiden Topflappenkreisen, damit du in etwa gleich viel Wolle verwendest und gleich stark anfilzt.

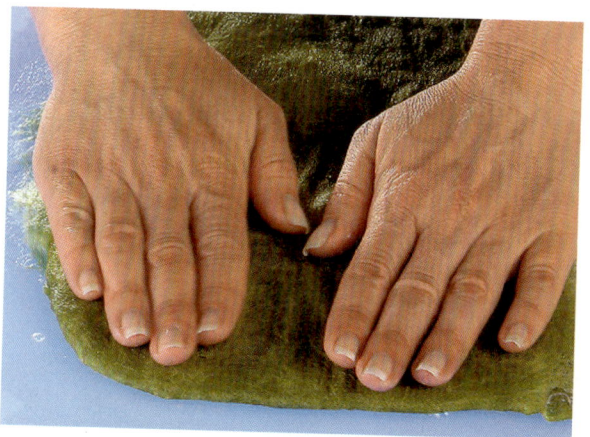

3 Vor dem Walken kannst du mit der Nadel noch Details auf dein Muster aufnadeln, die vorab zu filigran gewesen wären. Schön sind Herzen, lustig ist beispielsweise der Schriftzug „heiß!". Dann seifst du noch einmal vorsichtig darüber.

4 Walke deine Topflappen ganz fest und von allen Seiten, sodass sie gleichmäßig schrumpfen. Lese hierzu auch Arbeitsschritt 6 auf Seite 36.

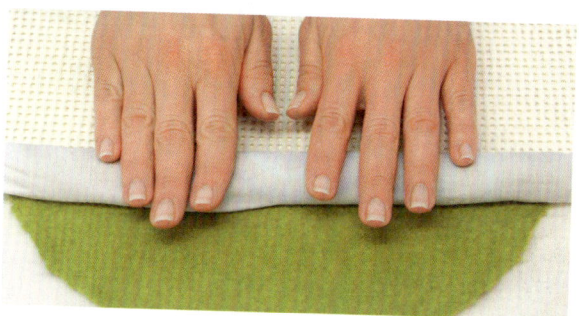

5 Wasche die Topflappen aus und lass sie trocknen. Unter Umständen musst du sie einmal bügeln, damit sie wirklich glatt sind. Schon ist das perfekte Geschenk für Küchenfeen und Genießer fertig.

Sportlich

Du kannst dir allerlei Spielzeug selbst filzen – für drinnen und draußen.
Wer schon ein bisschen häkeln kann, kann diese Handarbeitstechnik beispielsweise mit dem Nassfilzen verbinden und sich ein tolles Springseil machen.

Bunte Bälle

Werde zum Jonglierkünstler!

Motivgröße
ca. 5 cm

Material pro Ball

* Merinowolle im Kammzug, ungefärbt oder Reste, ca. 15 g
* Merinowolle im Kammzug in Rot, 6 g
* Strang Merinowolle im Kammzug in Orange, bleistiftstark
* Luftballon
* trockener Sand (z.B. Vogelsand), ca. 60 g
* mittlere Filznadel
* Trichter

1 Alles vorbereiten: Mit einem Trichter füllst du den Luftballon mit Sand. Dann bereitest du die rote Wolle an einem trockenen Platz vor, indem du sie in kleine Flocken zupfst. Filznadel und dünnen Wollstrang zum Verzieren bereit legen.

2 Falls du einen Schweifball (Seite 42) möchtest, bindest du jetzt vier 50 cm lange Geschenkbänder am Luftballonknoten fest. Den Strang Merinowolle – z.B. günstigere ungefärbte – um den Luftballon zu einem festen Knäuel wickeln. Dann in eine Schüssel mit Seifenlauge tauchen.

3 Die gezupfte farbige Wolle schichtweise um das Knäuel legen und die einzelnen Schichten mit Seifenlauge nass machen. Dazu schöpfst du mit einer Hand Wasser über den Ball. Den ganzen Ball mit Wolle umlegen.

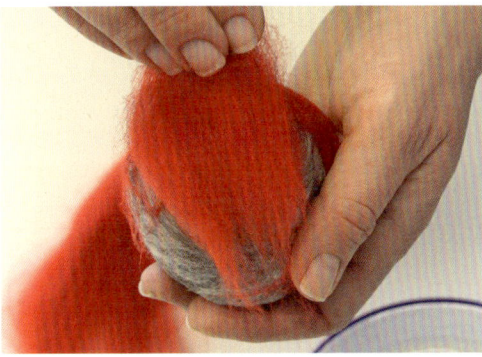

4 Die Wolle mit seifig-nassen Händen etwas anfilzen und in Form streichen.

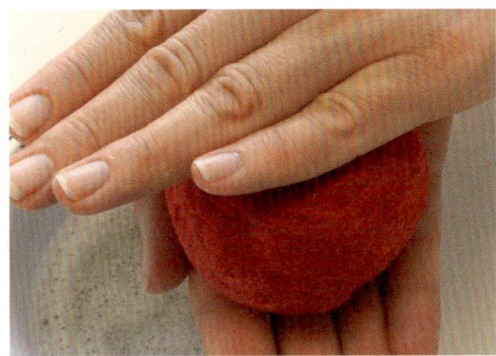

5 Wenn du möchtest, kannst du nun ein Muster, beispielsweise Spiralformen aufnadeln: Einen dünnen Strang trockener Wolle in dem gewünschten Dessin auflegen und durch mehrfaches Einstechen mit der Filznadel Stück für Stück fixieren.

7 Zum Durchfilzen die Kugel auf der Antirutschmatte mit hohem Druck so lange rollen und drücken, bis sie fest ist. Den fertigen Ball auswaschen und zum Trocknen auf ein Handtuch legen.

6 Den Ball wieder nass machen und mit seifig-nassen Händen mit leichtem Druck reiben. Dabei musst du darauf achten, dass die Wollfasern nicht verrutschen und die Kugelform erhalten bleibt. Den Druck mit der Zeit erhöhen. Können keine einzelnen Fasern mehr herausgezogen werden, ist die Wolle angefilzt und das Durchfilzen beginnt.

Der Jonglierball sollte der Größe der Kinderhand angepasst werden, für einen 12- bis 14-Jährigen hat er einen Durchmesser von 6 cm. Jonglierbälle müssen schwer sein (ca. 80 g), damit sie gleichmäßig und kontrolliert geworfen werden können.

So kannst du das Jonglieren lernen

1 Fange ganz ruhig damit an, einen Ball mit der rechten und linken Hand kontrolliert zu werfen. Wenn du jedes Mal fängst, kannst du zur nächsten Übung übergehen.

2 Halte in jeder Hand einen Ball und werfe die Bälle nacheinander hoch. Wenn der erste am Umkehrpunkt ist, folgt der zweite. Übe die Bälle direkt vor dir nach oben zu werfen. Stelle dich dazu mit dem Gesicht zu einer Wand. So kannst du überprüfen, dass du deine Bälle nicht nach vorn wirfst. Nicht nach den Bällen greifen, sondern in die Handflächen fallen lassen.

3 Jetzt kannst du damit beginnen, über Kreuz zu werfen: Die Bälle wechseln die Hände, von der werfenden in die fangende und umgekehrt, dabei kreuzen sich die Flugbahnen.

4 Jetzt versuche, in einer Hand zwei Bälle zu halten, einen roten und einen blauen, in der anderen nur einen Ball, einen grünen. Im Umkehrpunkt des blauen den grünen Ball werfen, um den blauen fangen zu können und im Umkehrpunkt des grünen den roten werfen.

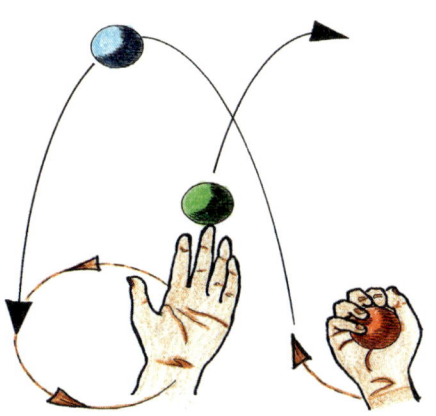

Anfängern fällt es leichter, mit verschiedenfarbigen Bällen zu jonglieren. Ein einzelner Jonglierball kann auch für Ballkünste mit dem Fuß eingesetzt werden, probier es aus!

Springseilpower

sportlicher Pausenspaß

Motivgröße

Griff ca. 13 cm

Material

* dickes, glattes Wollgarn in zwei Farben
* Merinowolle im Kammzug in Blau oder Orange, ca. 25 g
* Rest Merinowolle im Kammzug in Gelb oder Pink
* dicke Häkelnadel

1 Das Seil wird gehäkelt, die Griffe werden gefilzt. So macht Sport doppelt Spaß! Grundschulkinder können schon mit der Häkelnadel häkeln, Kleinere häkeln mit den Fingern (siehe Seite 46): Lege den Faden von hinten nach vorne über die Nadel (umschlagen) und ziehe ihn dann durch die auf der Nadel liegende Schlinge. So häkelst du drei 2,50 m bis 3 m lange Luftmaschenketten.

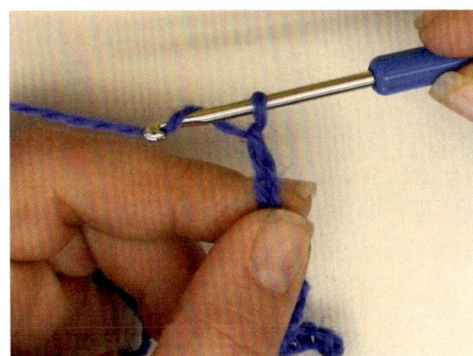

2 Die drei Luftmaschenketten an einem Ende verknoten und flechten. Dabei wird die Kette kürzer (bei 2 m sind es ca. 30 cm). Das geflochtene Seil solltest du noch einmal hinsichtlich der benötigten Länge überprüfen (siehe Tipp) und ggf. kürzen.

3 Jetzt beginnst du mit dem Filzen: Die Merinowolle in Grifflänge kreuzweise vierlagig auslegen.

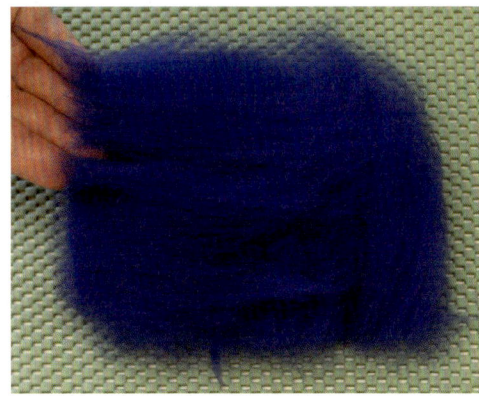

Ein Springseil sollte gleichmäßig schwingen, das ergibt sich durch das Gewicht des Seils. Die Länge muss auf deine Körpergröße abgestimmt sein: Steht man hüftbreit auf dem Seil, sollten die Enden in den Händen bis knapp über den Beckenknochen reichen.

4 Das Seilende auf die ausgelegte Wolle legen und einrollen.

5 Du sprühst in Grifflänge Seifenlauge auf die Unterlage und rollst den Griff durch das Wasser. Dann hebst du ihn an und rollst ihn nochmals in die gleiche Richtung, bis die Wolle richtig nass ist. Durch Hin- und Herrollen die Wolle leicht anfilzen. Dabei hältst du eine Hand an das Griffende, sodass die Wolle nicht über das Seil rutscht und eine Kegelform entsteht.

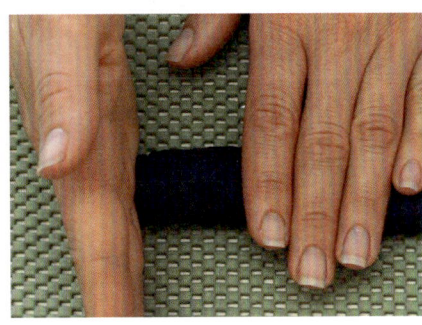

6 Auf die nasse Wolle das gewünschte Muster auflegen und mit einer mittleren Filznadel fixieren. Auf einer Schaumstoffunterlage annadeln.

7 Die Griffe wieder mit Seifenlauge nass machen und mit seifigen Händen anfilzen. Wenn sich die aufgenadelte Wolle mit der restlichen Wolle verbunden hat, den Griff auf der Antirutschmatte durch Vor- und Zurückbewegen fertig filzen. Ebenso am anderen Seilende verfahren. Dann wäschst du die Griffe aus und lässt dein Springseil auf einem Handtuch trocknen.

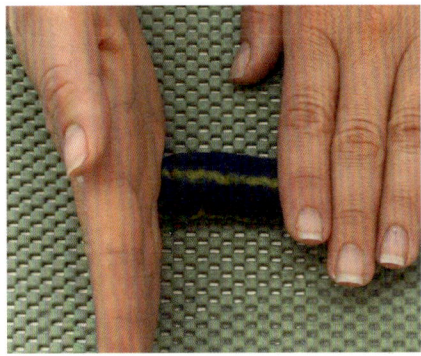

Fingerhäkeln

1 Anfangsmasche: Den Faden zwischen Daumen und Zeigefinger der linken Hand festhalten. Mit dem fortlaufenden Faden von rechts nach links eine Schlinge legen, sodass der fortlaufende Faden oben liegt. Den fortlaufenden Faden hinter die Schlinge legen. Von vorne die Finger in die Schlinge einführen, den Faden durchholen und die Schlinge festziehen.

2 Die jeweils letzte Masche zwischen Daumen und Zeigefinger der einen Hand festhalten, den Faden unter die Schlinge legen und ihn mit den Fingern der anderen Hand durchziehen. Den Vorgang wiederholen. Es entsteht eine immer größer werdende Schlinge, die nach zwei bis drei Maschen zusammengezogen werden muss.

Variante: Hexenspiel

Motivgröße
Doppelschnur ca. 1,20 m

Material
* 3 Wollstränge in verschiedenen Farben, ca. 80 cm lang und fingerstark (das ist etwa 1/6 des Kammzugs), jeweils 3 g

1 Du kannst entweder eine 1,40 m lange Luftmaschen-schnur häkeln und zu einer Endlosschnur verfilzen oder du gehst so vor: Rolle jeden fingerstarken Wollstrang auf einer trockenen Unterlage oder auf dem Oberschenkel hin und her, um die Wolle vorzuformen. Das ausgedünnte Ende (ca. 5–10 cm) sparst du beim Vorrollen aus und fä-cherst es auf.

2 Die Faserenden der nächsten Farbe in den ersten Strang einlegen und zwischen den Fingern verzwirbeln bis eine lockere Verbindung entsteht. So alle Stränge zu einem Kreis verbinden. Du musst ganz behutsam vorge-hen, da die Verbindung sich sehr leicht wieder löst.

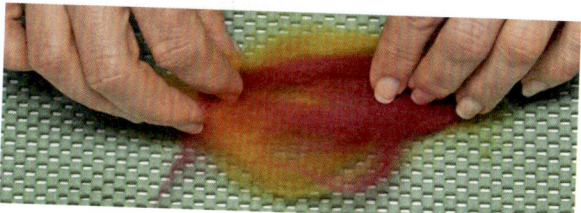

3 Dann warmes Seifenwasser auf die Antirutschmatte geben. Die vorgeformte Schnur mit wenig Druck auf der Unterlage hin- und herrollen. Ist die äußere Schicht ange-filzt und haben sich die Farbübergänge verbunden, kannst du den Druck erhöhen.

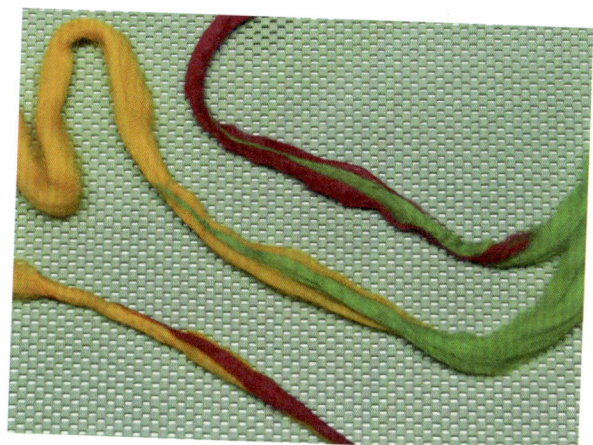

4 Dann wird mit dem Walken begonnen, dafür kann der Wollstrang auch mehrfach genommen werden und mit viel Kraft gerollt werden. Nach zwei Minuten auch die Knickstellen glatt walken. Dieser Vorgang wiederholt sich so lange, bis eine in sich feste Schnur entstanden ist.

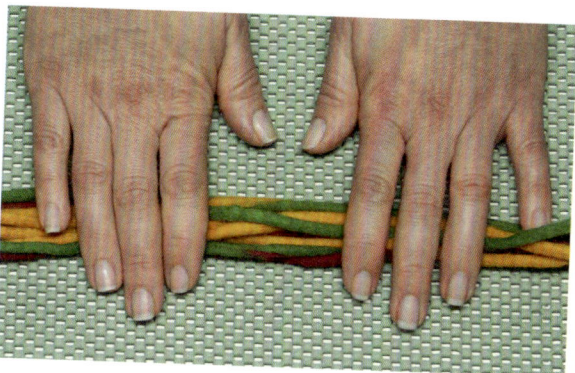

Wurfwunder

Zipfelball und Rassel

Motivgröße
ca. 18 cm

Material
* Merinowolle im Kammzug (billige ungefärbte Wolle), 20 g oder Reste
* Merinowolle in Orange, 10 g
* Kammzug in Rot, Gelbgrün, Pink und Orange, jeweils 2 g (ca. 15 cm)
* Überraschungs-Ei-Kapsel
* 1 Teelöffel Reis

1 Zuerst bereitest du die Zipfel vor: Filze aus dem roten und dem grünen Wollstrang jeweils eine feste Schnur. Erst reibst du sie in trockenem Zustand, dann in Seifenlauge. Dabei sollte ein Ende von etwa 5 cm ungefilzt und trocken bleiben, da nur ungefilzte Teile beim Weiterarbeiten verbunden werden können.

> Für kleinere Kinder sind mit Schlaufen und Zipfeln versehene Bälle ein schönes Spielzeug. Vor allem, wenn sie einen mit Rasselkern haben. Statt der Reisfüllung bietet sich hier auch ein kleines Glöckchen im innern der Kapsel an. Aber auch größere Kinder können mit diesem originellen Wurfwunder viel Spaß haben und gleichzeitig ihre motorische Geschicklichkeit trainieren.

2 Aus dem pinkfarbenen Kammzug eine Schnur filzen, bei der beide Enden für eine Schlinge ungefilzt bleiben.

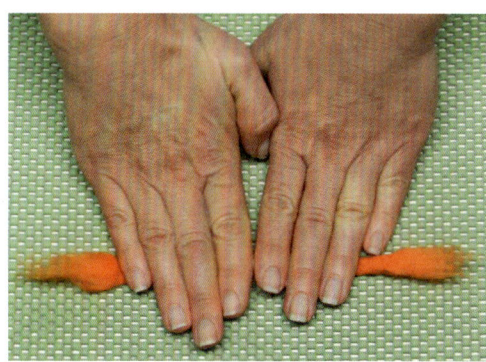

3 Fülle die Überraschungs-Ei-Kapsel mit einem Teelöffel Reis. Dann bereitest du die orangefarbene Wolle an einem trockenen Platz vor, indem du sie in kleine Flocken zupfst.

4 Einen Strang ungefärbte Merinowolle um den Plastikkern zu einem festen Knäuel wickeln. Dann in eine Schüssel mit Seifenlauge tauchen.

5 Die gezupfte orangefarbene Wolle schichtweise um das Knäuel legen. Dann machst du die einzelnen Schichten mit Seifenlauge nass, indem du vorsichtig mit einer Hand Wasser über den Ball schöpfst.

6 Die losen Enden der Zipfel und der Schlinge auffächern, auf dem nassen Ball anordnen, mit seifigen Händen feststreichen und ein bisschen mit einer Filznadel annadeln.

7 Nun die Ansätze mit der gezupften orangefarbenen Wolle schichtweise überdecken. Zwischendurch mit Seifenlauge nass machen, indem du mit der Hand Wasser über den Ball schöpfst.

8 Nun den Ball fertig filzen. Dabei darauf achten, dass die runde Form erhalten bleibt. Auch die Zipfel und die Schlinge immer wieder in Form bringen. Zum Durchfilzen die Kugel auf der Antirutschmatte mit hohem Druck so lange rollen und drücken, bis sie fest ist. Den fertigen Ball wäschst du aus, dann kannst du ihn zum Trocknen auf ein Handtuch legen.

Variante: Rassel

Natürlich kann die Anzahl und Farbe der Zipfel, aber auch der Ballumfang variiert werden. Die Rassel ist auch ein prima Musikinstrument. Mit einer Filznadel kann man ihr ganz schnell ein lustiges Gesicht auffilzen.

Variante: Boccia, Boule & Co.

Motivgröße
ø 3 cm und 8 cm

Material
* Merinowolle im Kammzug, 6 g
* Naturwolle als Kern

1 Zupfe ein Drittel deiner Wolle an einem trockenen Ort. Den Rest wickelst du zu einem Knäuel. Du kannst für das Innenleben aber auch ein Wollknäuel oder Reste verwenden. Die äußere Schicht baust du mit deinen Wollflocken auf. Dazwischen tauchst du den Ball immer wieder in warme Seifenlauge.

2 Lege die Wolle schichtweise um den Kern herum und befeuchte sie vorsichtig.

3 Ist die ganze Kugel mit Wollflocken bedeckt, reibst du sie sanft zwischen den Handflächen. Kannst du keine Fasern mehr aus dem Gewebe ziehen, kannst du die Wollkugel walken.

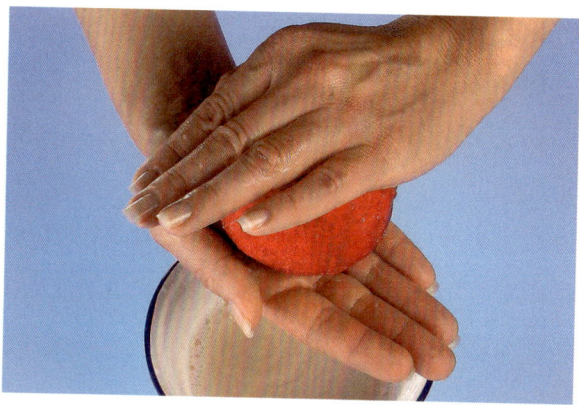

4 Drücke und rolle deinen Wollball auf einer Antirutschmatte mit großem Druck. Dann kannst du die Kugel auswaschen und auf einem Handtuch trocknen lassen.

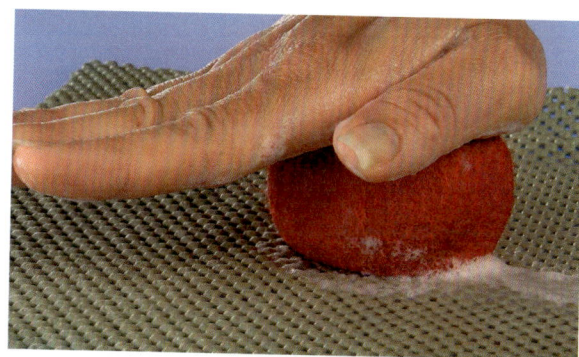

Prima! Mit den weichen Bällen kann man drinnen und draußen spielen! Eine Filzschnur markiert die Abwurflinie. Jetzt benötigst du pro Mitspieler zwei Kugeln in jeweils einer Farbe und eine kleine Kugel als „Schweinchen". Wirf das Schweinchen möglichst weit. Dann versucht jeder Mitspieler nacheinander seine Bälle so nahe wie möglich an die Minikugel zu rollen. Dabei darf die Abwurflinie nicht übertreten werden. Wer zielt am besten?

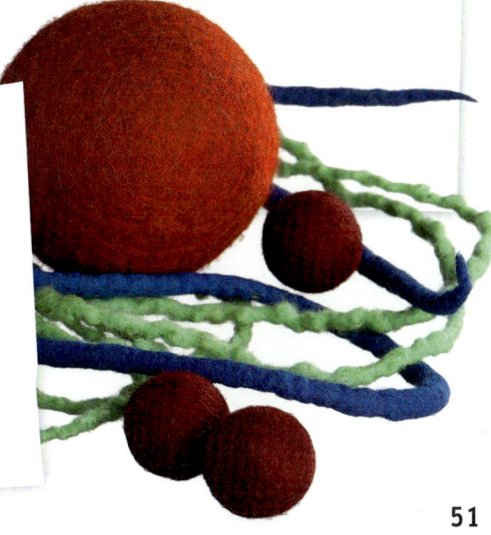

Natürlich

Meist filzt du mit Schafwolle, aber es gibt auch Kulturen, in denen man mit Kamel- oder Ziegenhaar filzt. Was liegt bei einem so natürlichen Material näher, als es mit hinaus in die Natur zu nehmen? Filze dir doch ein Sitzkissen für die nächste Wanderung!

Filzfelsen

Steine und Kiesel – kuschelweich

Motivgröße
ca. 7–10 cm

Material
* Gotland-Wolle im Vlies in Grau, ca. 20 g
* dünner Strang Merinowolle im Kammzug in Weiß, ca. 30 cm lang
* mittelgroßer Kieselstein

1 Du beginnst mit dem Filzfelsen, indem du dir draußen einen großen Kiesel suchst. Dann legst du mit dem Filzen los: Reiße ein Stück von dem Gotland-Wollen-Vlies ab und wickle es um den Stein.

2 Den Wollstein mit Seifenlauge nass machen, dazu die Lauge mit der Hand darüberschöpfen.

3 Dann mit einer zweiten Schicht umwickeln, das Ganze wieder befeuchten und so vier bis sechs Schichten aufbauen. Die Wollschicht sollte dann ca. 1,5–2 cm dick sein.

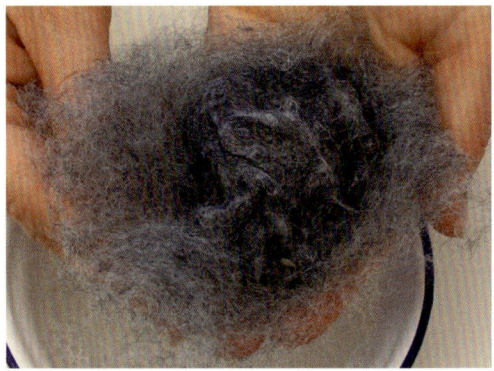

4 Nimm einen dünnen weißen Wollstrang und rolle ihn auf deinen Oberschenkeln, bis er wie eine Schnur aussieht. Dieser weiße Wollfaden wird nun als Andeutung einer Steinader locker um den Filzstein gewickelt.

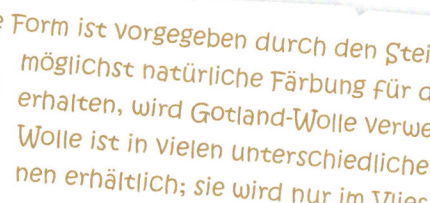
Die Form ist vorgegeben durch den Stein. Um eine möglichst natürliche Färbung für den Stein zu erhalten, wird Gotland-Wolle verwendet. Die Wolle ist in vielen unterschiedlichen Grautönen erhältlich; sie wird nur im Vlies verkauft.

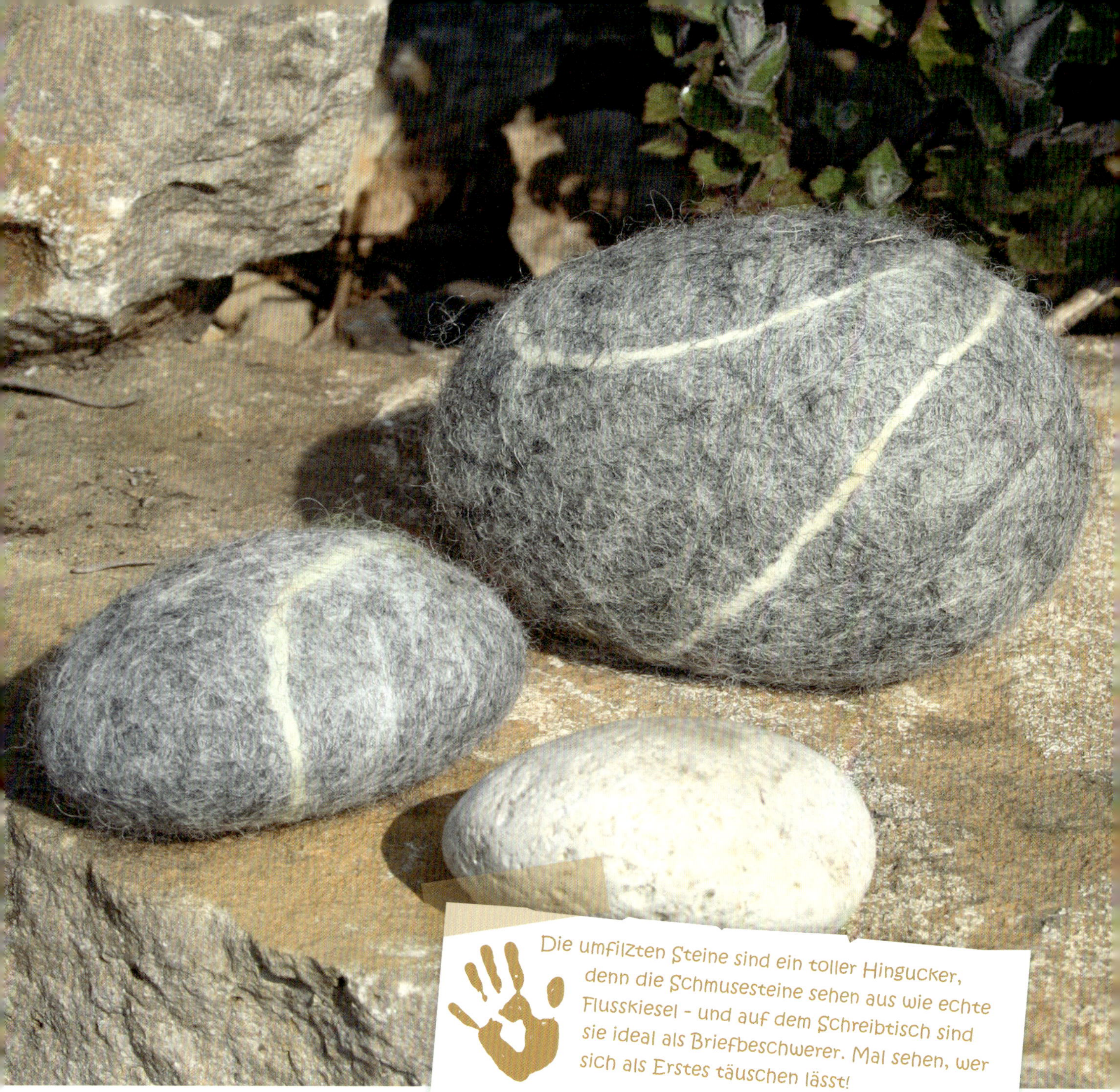

Die umfilzten Steine sind ein toller Hingucker, denn die Schmusesteine sehen aus wie echte Flusskiesel - und auf dem Schreibtisch sind sie ideal als Briefbeschwerer. Mal sehen, wer sich als Erstes täuschen lässt!

5 Nun das Ganze filzen: Den Stein mit nassen Händen vorsichtig streicheln. Den Druck mit der Zeit erhöhen, aber immer nur so stark, dass die Wollfasern nicht verrutschen. Das kann gut an der Steinader beobachtet werden. So lange reiben, bis sich die aufgelegten Wollschichtenzu einem festen Gewebe verbunden haben. Das fertige Werkstück solltest du mit klarem Wasser auswaschen, dann kann es auf einem Handtuch trocknen.

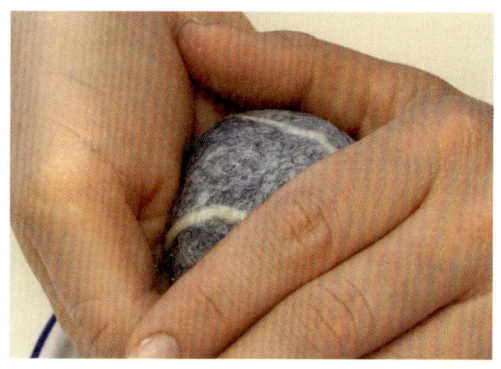

In leuchtenden, kontrastreichen Farbwechseln sieht die Schichtkugel umwerfend fröhlich aus. Du kannst aber auch versuchen, sie in einem Farbspektrum zu halten. Also nur warme Farben zwischen Gelb, Orange, Rot und Pink oder ausschließlich kalte Farben verwenden. Orientiere dich dabei an deinem Edelstein-Kern.

Edelsteinversteck
überraschende Schichtkugel

Motivgröße
ca. ø 5–6 cm

Material
* Wollreste in leuchtenden Farben, 20 g

Du kannst nicht nur mit Schafwolle filzen, das geht auch mit Seide, manchen Pflanzenfasern und mit der Wolle von Edelhaartieren. Zu diesen besonderen Tieren gehören das Angorakaninchen, die Kaschmir- und die Mohairziege, das Alpaka und das Kamel.

1 Du kannst Lieblingsmurmeln oder kleine Halbedelsteine einfilzen. Sie geben die Form der Schichtkugel in etwa vor.

2 Die Vorbereitung ist auch schon lustig: Du brauchst von allen deinen Lieblingsfarben kleine Häufchen Wollflocken. Für eine Schichtkugel kannst du alle deine kleinen Reste verwenden. Rupfe die Wolle immer in etwa gleichgroße Flocken. Arbeite am besten mit trockenen Händen.

3 Sobald du genügend Häufchen beisammen hast – sieben verschiedene Schichten sollten es schon werden – kannst du die erste dünne Schicht um die Murmel wickeln. Dann wird die Murmel in Seifenlauge getaucht.

4 Schicht um Schicht baust du so um deine Murmel eine Kugel. Verwende dabei gerade so viel Wolle, dass die vorherige Farbe nicht mehr sichtbar ist. Die einzelnen verschiedenfarbigen Schichten solltest du dabei nicht anfilzen, sondern nur mit seifigen Händen glatt streichen, da sich ansonsten die nächste Wollschicht nicht mit der darunterliegenden verbindet.

5 Wenn du deine ganzen Wollhäufchen um die Murmel gelegt hast, wird eine sehr feste Kugel gefilzt. Diese kannst du mit einem scharfen Messer aufschneiden und die Schnittkanten vorsichtig nachfilzen.

6 Das fertige Werkstück auswaschen und auf einem Handtuch trocknen lassen. Fertig ist das wunderschöne Schatzversteck.

Sitzkissen zum Aufrollen

... und das Picknick kann kommen

Motivgröße
ca. 40 cm

Material
* 3 fingerdicke Stränge Merinowolle im Kammzug in beliebiger Farbe, ca. 1 m lang
* evtl. Reste Merinowolle in beliebiger Farbe
* grobe Merinowolle im Kammzug in beliebiger Farbe, ca. 140 g

> Die Wolle schrumpft beim Filzen. Deshalb sollte die ausgelegte Fläche ca. 30 Prozent größer sein, als das fertige Kissen werden soll.
>
> Das Drehen des Filzstückes nach jedem Walkvorgang ist wichtig, damit es von allen Seiten gleichmäßig schrumpft und seine Form behält.

1 Die Verschluss-Schnur wird aus fingerdicken Wollsträngen geflochten. Das Flechten ist einfacher, wenn eine zweite Person die Stränge hält oder die Enden z. B. mit einer Glasflasche beschwert werden. Etwa 30 cm ungeflochten lassen.

2 Mache das geflochtene Stück (nur dieses!) mit Seifenlauge nass und filze es durch Hin- und Herrollen zu einer Schnur. Wichtig ist dabei, dass das ungeflochtene Ende ausgespart wird und möglichst trocken bleibt, sonst lässt es sich nicht mehr in die Fläche einfilzen.

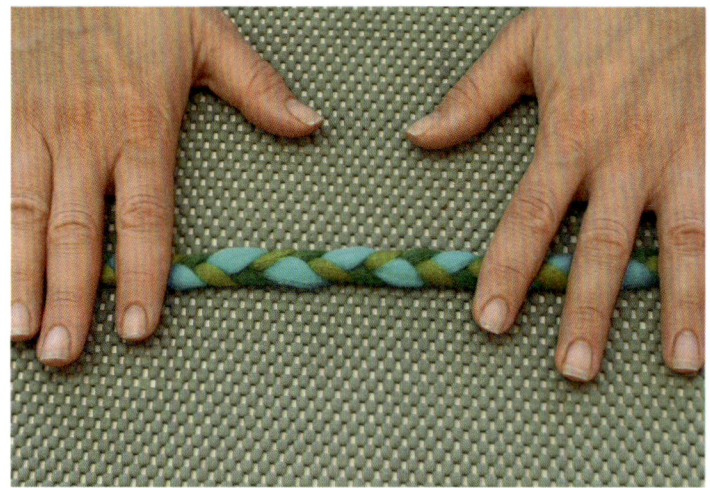

3 Die ungefilzten Enden der Flechtschnur und nach Belieben ein Muster auf die Antirutschmatte drapieren. Für die Kringel dünne Strähnen um einen oder mehrere Finger schlingen und auf dem Untergrund anordnen.

4 Nun legst du die Wolle für die Hintergrundfarbe aus. Zupfe dazu die Wolle in gleichmäßige Flocken. Lege die Fläche, 60 cm x 60 cm dachziegelartig aus, sodass sich die einzelnen Flocken immer etwas überlappen.

5 Die nächste Lage legst du kreuzweise darüber. Je dicker das Filzkissen werden soll, umso mehr Lagen werden aufgelegt. Für das Sitzkissen sollten es mindestens vier sein, immer kreuzweise aufeinandergelegt.

6 Die ausgelegte Wolle von außen nach innen mit heißer Seifenlauge befeuchten und sanft andrücken.

7 Drücke vorsichtig mit nassen Händen die Luft aus den Wollschichten. Dann filzt du durch behutsame, kreisende Bewegungen die Wolle an. Dabei mit federleichtem Druck von außen nach innen auf die Wolle einwirken. Während des Filzens den Druck langsam steigern, aber immer nur soviel Druck auf die Wolle ausüben, dass sich die Wollfasern nicht verschieben.

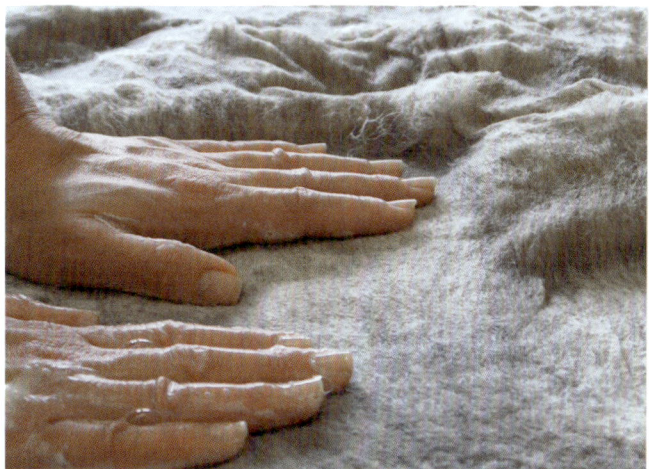

8 Damit du einen schönen Rand erhältst, die Fasern nach innen klappen und anfilzen. Das Sitzkissen so lange filzen, bis sich keine Fasern mehr aus dem Objekt ziehen lassen.

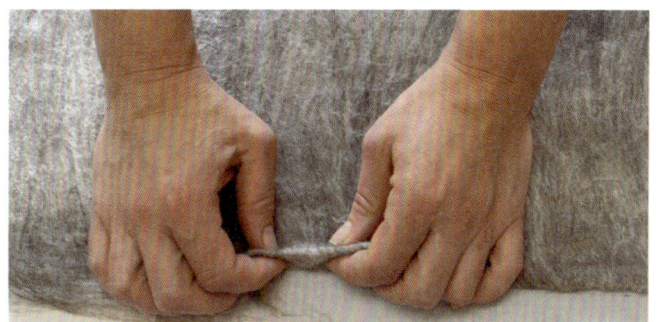

9 Nun das Filzstück walken. Dazu wickelst du das Kissen mit der geflochtenen Schnur in ein Tuch ein. Die Tuch-Wurst zwei bis drei Minuten mit Druck hin- und herrollen.

10 Die Rolle aufmachen und das Sitzkissen in Form ziehen. Drehe das Sitzkissen nun um 90 Grad, wickle es erneut in das Tuch und walke es noch einmal. Dies wird von allen Seiten mehrfach wiederholt, bis ein fester Filz entstanden ist.

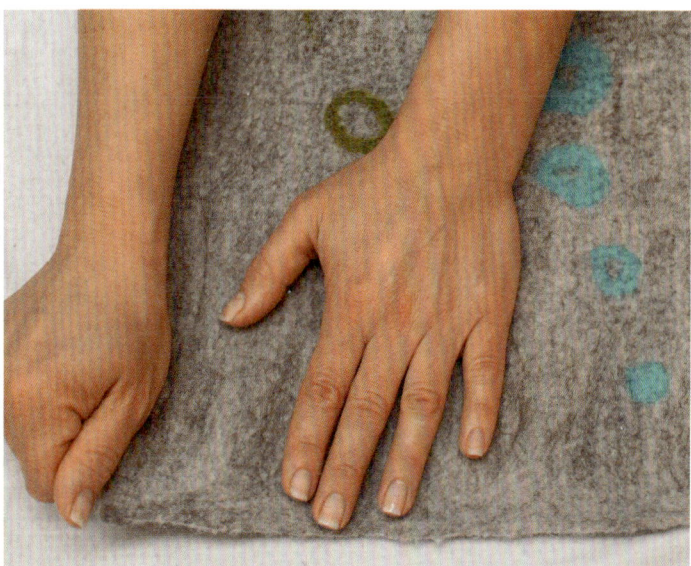

Mädchenhaft

Blüten aus Filz sind höchst elegant und schmücken jedes Himmelbett. Wenn du dein Prinzessinnengemach auch mal verlassen möchtest, dann benötigst du selbstverständlich eine schicke Handtasche – natürlich selbst gefilzt!

Schmucke Blumen

exotischer Blickfang

Motivgröße

ø ca. 10 cm

Material

* Merinowolle im Kammzug in Rot, ca. 6 g, und etwas Braun

* Strang Merinowolle im Kammzug in Grün, ca. 60 cm lang, und kleiner Bausch

* dünner Strang Merinowolle im Kammzug in Gelb, ca. 15 cm lang

* kunststoffummantelter Draht, 25 cm lang

* Frischhaltefolie

* Nadel und Nähgarn in Grün

* Zange

1 Für den Blütenstempel umwickelst du den Draht ca. 2 cm mit gelber Wolle, dann biegst du ihn mit einer Zange um und umwickelst das Ende nochmals. Das Umbiegen des Drahtendes verhindert, dass die Wolle beim Filzvorgang über den Draht wegrutscht. Über das gelbe Wollende mit dem grünen Strang weiter wickeln. So den ganzen Draht umwickeln.

2 Für die Blüte zupfst du Filzwolle aus und legst damit dachziegelartig eine quadratische Fläche aus, 12–15 cm groß. Die zweite Lage schichtest du kreuzweise darauf. In die Mitte legst du den grünen Bausch für den Stielansatz und machst dann die Fläche mit Seifenlauge von außen nach innen nass.

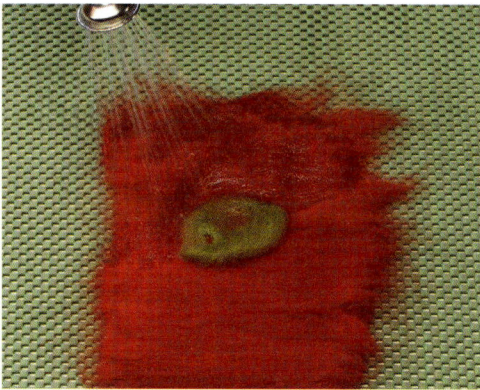

3 Mit seifigen Händen drückst du die Luft aus dem Arbeitsstück und wendest es mit Schwung. Den braunen Bausch legst du mittig auf und drückst ihn an. Sind am Rand dünne Stellen sichtbar, wird der Rand leicht eingeschlagen und noch etwas Wolle aufgelegt.

! Der Stiel der Blüte kann bei kleineren Kindern auch weggelassen werden. Dann wird die Blüte, nachdem die Blütenblätter vorgerollt sind, am Stielansatz trichterförmig aufgenommen und zwischen den Handflächen hin und her gewalkt. Zum Stielansatz hin dabei mehr Druck ausüben, sodass die Wolle dort stärker schrumpft und dadurch die Blütenform entsteht. Nähen Sie eine Broschennadel an die Rückseite, schon kann die Blüte das Jackenrevers schmücken oder an einem Haarband festgesteckt werden.

4 Die Wolle noch etwas nasser machen, Frischhaltefolie auflegen, mit Seifenlauge besprenkeln und mit kreisender Handbewegung die Fläche von beiden Seiten anfilzen, bis sich keine einzelnen Wollfasern mehr herausziehen lassen.

5 Mit der Schere schneidest du nun bis zum grünen Stielansatz Strahlen ein. Zwischen den Einschnitten mindestens 5 mm Abstand halten, damit die Blütenblätter genügend Halt haben.

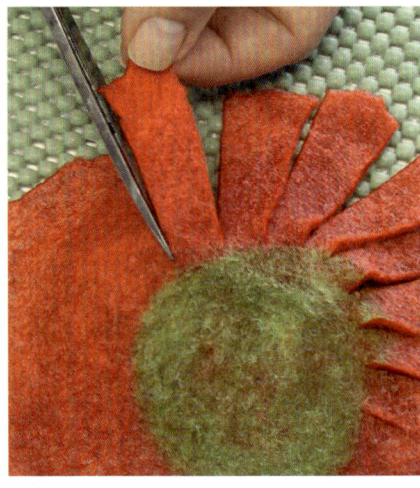

6 Jetzt rollst du die einzelnen Strahlen zwischen den Handflächen hin und her und filzt sie so zu Schnüren.

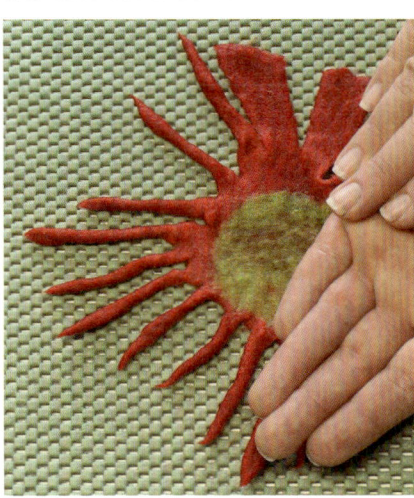

7 In der Mitte des Stielansatzes machst du mit der Schere einen Einschnitt, schiebst den gelben Blütenstempel hindurch und fixierst ihn mit Nadel und Faden.

8 Die Verbindungsstelle mit Wollfasern (am Kammzug ein- bis zweimal zupfen) umwickeln.

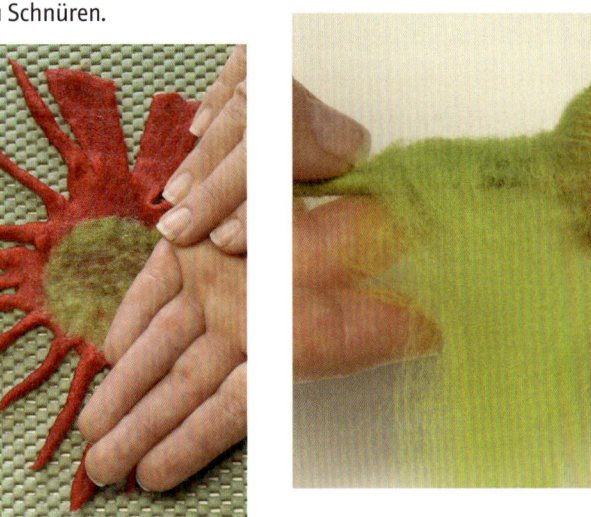

9 Das ganze Werkstück nass machen und die Verbindungsstelle durch sanftes Hin- und Herrollen anfilzen. Das erfordert etwas Geduld! Eventuell musst du mit der Filznadel nachhelfen oder die Blume in der Antirutschmatte eingerollt filzen.

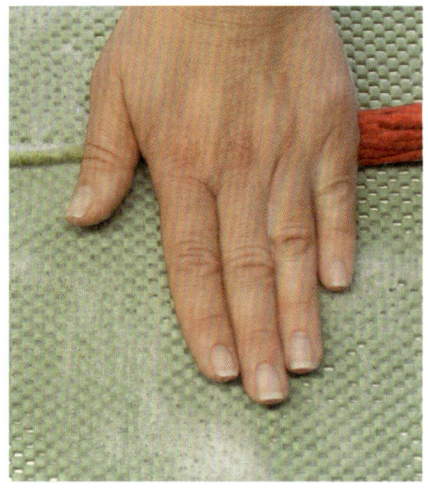

10 Ist der Stiel befestigt, wird mit stärker werdendem Druck die ganze Blume fertig gefilzt.

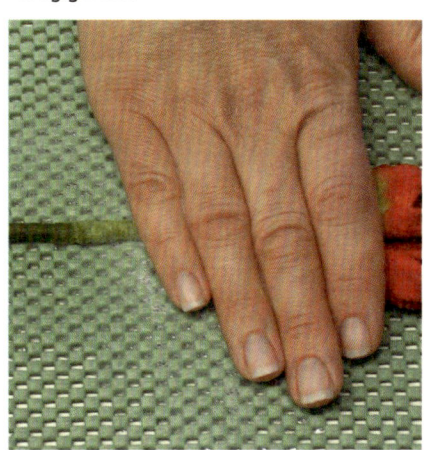

11 Zwischendurch die Blüte immer wieder auffächern, damit die Blütenblätter nicht aneinandergefilzt werden. Anschließend auswaschen, das Wasser gut herausdrücken, die Blüte in Form zupfen und auf einem Handtuch trocknen lassen.

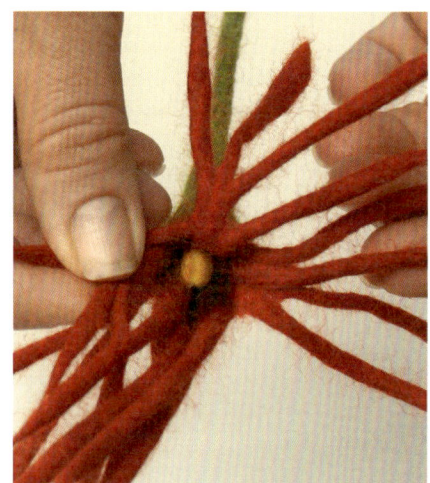

Der Stiel sieht interessant aus, wenn du ihn fest um einen Besenstiel oder einen Kochlöffel wickelst. Er ringelt sich dann lustig!

Edles Täschchen
für kleine Damen

Motivgröße
ca. 12,5 cm x 16 cm

Material
* Merinowolle im Kammzug in Braun, 25–30 g
* fingerdicker Strang Merinowolle im Kammzug in Grün, 40 cm lang
* ein paar Wollflocken in Blau- und Grüntönen
* Silberdraht, ø 0,3 mm
* Noppenfolie für Schablone, A4

Vorlage
Seite 78

Die beste Schafwollqualität erzielt das australische Merinoschaf. Die rohe Schafwolle muss durch Sortieren, Zupfen, Waschen, Trocknen und Kardieren aufbereitet werden. Oft wird die Wolle anschließend noch gefärbt.

1 Die Tasche wird in der Schablonentechnik erstellt. Du beginnst, indem du von dem Noppenfolienrechteck die Ecken an einer Seite abrundest. Die Folie ist ca. 30 Prozent größer als die fertige Tasche, da die Wolle beim Filzen schrumpft. Das obere Drittel der Schablone ergibt den Überschlag, der Rest die Tasche.

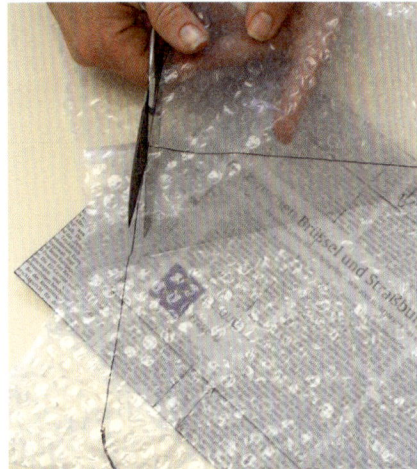

2 Eine Antirutschmatte auslegen und darauf die Schablone legen. Darauf nun dünne bunte Wollflocken verteilen.

3 Jetzt kannst du die braune Wolle auflegen. Die einzelnen kleinen Wollsträhnen wie Dachziegel übereinanderlegen. Am Taschenkörper die gezupften Wollfasern über den Schablonenrand legen, am Überschlag bündig mit der Schablone.

4 Die zweite Lage Wolle solltest du kreuzweise auflegen.

5 Die ausgelegte Wolle von außen nach innen mit heißer Seifenlauge befeuchten, die überstehenden Fasern nicht befeuchten. Mit nassen, seifigen Händen beginnst du nun, ganz sanft die Luft aus den Wollschichten zu drücken.

6 Die Wolle in leichten, kreisenden Bewegungen anfilzen. Zum Anfilzen kann eine Folie verwendet werden. Diese auf das Arbeitsstück legen und mit Seifenlauge befeuchten. Den über die Schablone hinausragenden Rand nicht filzen!

7 Das Arbeitsstück wenden, sodass die Schablone oben liegt. Wieder kannst du bunte Wollfasern auf den Taschenkörper legen. Dann die überlappende Wolle um den Schablonenrand einschlagen, befeuchten und die entstandenen Falten glatt zupfen.

8 Anschließend den Taschenkörper mit Wolle auslegen, der Taschenüberschlag bleibt frei. Wieder zwei Lagen Wolle kreuzweise auflegen. Dieses Mal die Wolle aber nur bis zum Schablonenrand auslegen (sonst kann sich ein Wulst bilden). Erneut mit einer aufgelegten Folie anfilzen.

9 Hat sich die Wolle so weit verfestigt, dass du keine Wollfasern mehr aus dem Arbeitsstück ziehen kannst, wird die Schablone entfernt und der Rand bearbeitet. Dafür eine Hand in die Tasche stecken, von innen den Stoff stützen und mit der anderen in kreisenden Bewegungen über den Rand reiben.

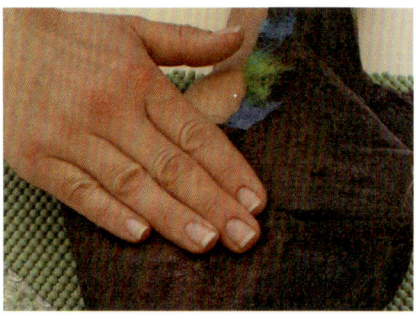

10 Die Tasche wenden. Du kannst den Überschlag zuklappen und dann die Tasche von allen Seiten in einem Handtuch walken, bis sie die richtige Größe hat. Wichtig ist, dass die Tasche vor jedem Einrollen wieder in Form gezogen wird. Dann kannst du die Seife auswaschen und die Tasche trocknen lassen.

11 Aus dem grünen Kammzug eine Schnur filzen (auf Seite 10 siehst du, wie das geht), diese in der Mitte durchschneiden und die Schnittkanten nachfilzen. Die Enden mit Silberdraht umwickeln. Beide Schnüre zu einer Schlaufe legen und mit Silberdraht an der Verbindungsstelle umwickeln. Dann an die Tasche nähen. Als Knopf kannst du ein ca. 5 cm langes Stück braunen Kammzug zur Schnur filzen und nach dem Trocknen mit Draht umwickeln und annähen.

Wolle ist im Kammzug (das kennst du schon), im Vlies, in der Flocke, als Kardenband, zum Faden gesponnen oder im Nadelvlies erhältlich. Achte darauf, Wolle aus der Region den Vorzug zu geben. So unterstützt du den örtlichen Schäfer. Besuche ihn doch mal!

Prinzessinenvorhang

Zum Träumen schön!

Motivgröße
Blüte ø ca. 6 cm

Material
* Merinowolle im Kammzug in Weiß und Rosa, ca. 6 g
* Merinowolle im Kammzug in Grüntönen, 6 bleistiftstarke Stränge, etwa 2,5 m lang
* Rest Merinowolle im Kammzug in Dunkelrot
* Nadel und Nähgarn in Grün
* Baumwolltuch, 50 cm x 50 cm
* Trinkglas
* Frischhaltefolie
* Schaschlikstäbchen
* Buntstift

1 Da du für einen Vorhang mehrere Blüten in der gleichen Farbe benötigst, ist es einfacher, einen Vorfilz herzustellen. Für den Vorfilz auf dem Baumwolltuch ein Rechteck in der Größe 30 cm x 40 cm aufmalen. Darauf legst du sorgfältig eine Lage weiße Merinowolle und darüber kreuzweise eine zweite Lage Merinowolle in Rosa. Mit Seifenlauge besprühen, Folie darauf und anfilzen.

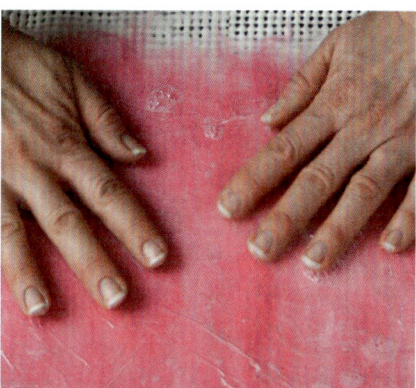

2 Dann gleichgroße Kreise ausschneiden. Als Schablone kannst du ein Glas verwenden (ø ca. 10 cm).

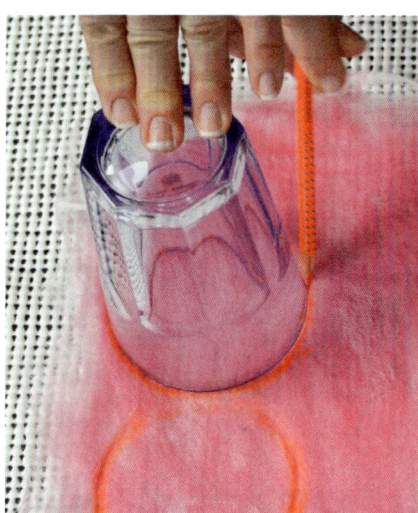

3 Die rosafarbene Seite als Blüteninnenseite verwenden und einen lockeren Bausch dunkelrote Wolle mit einigen weißen Fasern mittig auflegen.

4 Den Kreis umdrehen und zwei Grüntöne für den Stielansatz platzieren, wobei es wichtig ist, dass das Grün oben liegt, aus dem du die Schnüre filzen willst.

5 Nun das Ganze in sanften kreisenden Bewegungen so lange von beiden Seiten filzen, bis sich die unterschiedlichen Wollfarben gut verbunden haben. Zum einfacheren Anfilzen wieder eine Folie auf das Arbeitsstück legen, das verhindert das Verrutschen der Wolle.

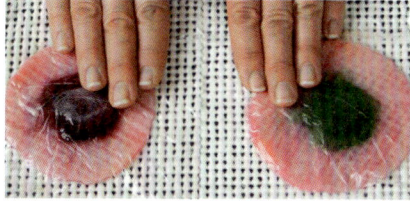

6 Jetzt die Blüte mittig am Stielansatz aufnehmen und zwischen den Handflächen hin und herbewegen, wobei der Druck am Stielansatz stärker sein muss, um eine schöne Glockenform zu erhalten. Besonders leicht ist es, wenn die Blüte über ein Schaschlikstäbchen trichterförmig gefilzt wird, da man dann einen Gegendruck spürt. Ist die Blüte fertig, biegst du ihren Rand nach außen und lässt sie trocknen.

7 Für die Schnüre sechs bleistiftstarke, 2,50 m lange Stränge leicht anfilzen und dann zusammenknüllen und mit hohem Druck auf einer Unterlage wie einen Ball kugeln. Das Knäuel filzt partiell zusammen, deshalb die Fasern zwischendurch immer wieder auseinanderziehen. Bei diesem Vorgang erhalten die Fasern ihre natürliche Kräuselung zurück. Die Schnüre nicht auswaschen, sondern einfach trocknen lassen.

8 An jede Kräuselschnur werden jetzt ein bis zwei Blüten in unterschiedlicher Höhe angenäht. Du kannst die einzelnen Ranken oben mit einem Band zu einem Vorhang verbinden oder sie einzeln mit kleinen Nägeln befestigen.

Wie du siehst, sind auch blaue oder weiße Blüten mit gelben oder roten Blütenmitten wunderschön. Je nachdem, ob du dir eine Prinzessinnengirlande oder ein Dschungelbett gestalten möchtest, kannst du die Farben herrlich variieren.

Schlüsselschmuck

lustiges Klimbim

Motivgröße

ø ca. 3 cm

Material

* Merinowolle im Kammzug in Rosa, Hellgrün oder Hellblau, ca. 5 g
* etwas Merinowolle im Kammzug in Kontrastfarbe
* Schlüsselring
* gewachste Schnur in passender Farbe, ca. 30 cm lang
* dicke, spitze Nadel mit großem Öhr
* farblich passende Glasperlen in unterschiedlichen Größen

1 Du zupfst drei- bis viermal am Kammzug. Aus dem Rest ein festes Knäuel wickeln, in Seifenlauge eintauchen, mit der gezupften Wolle umlegen und glatt streichen.

2 Nun wird das Linienmuster aufgelegt. Dafür aus der kontrastfarbenen Wolle eine dünne Schnur trocken vorrollen, die Enden zu einer Schlinge rollen und die Schnur auf die Kugel legen.

3 Die Kugel zwischen den Handflächen ganz vorsichtig rollen, damit die Schnur nicht verrutscht. Nach dem Verfestigen der Oberfläche auf einer Antirutschmatte walken. Muster oder Buchstaben können aufgenadelt werden.

4 Mit einer Nadel ziehst du die Schnur durch die Kugel, lässt eine Schlinge stehen und führst sie wieder zurück. Eine große Glasperle über beide Fäden ziehen, dann kleinere über beide Schnurenden. Mit Knoten fixieren. Die Schlinge kannst du durch einen Schlüsselring ziehen.

Fingerring

Kugeln statt Perlen

Motivgröße
ø 2,5 cm

Material
* Strang Merinowolle im Kammzug in Hellgrün oder Hellblau, 15 cm lang
* Merinowolle im Kammzug in Blau- und Grüntönen
* Nadel und Nähgarn in Graublau

1 Einen 15 cm langen Wollstrang vom Kammzug teilen und um Zeige- und Mittelfinger wickeln. Das Strangende in warme Seifenlauge tauchen und vorsichtig am Restring anfilzen. Dann den gesamten Ring befeuchten.

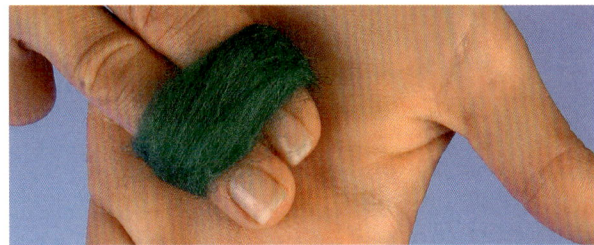

2 Rolle den nassen Ring auf der Antirutschmatte seitlich hin und her. Dabei schrumpft die Wolle, sodass bald nur noch ein Finger in den Wollring passt.

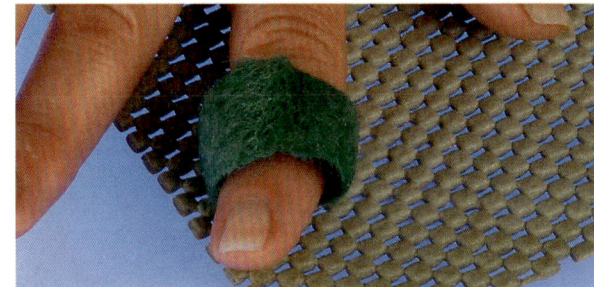

3 Schneide den Ring vorsichtig in Form.

4 Filze kleine Kügelchen mit einem Durchmesser von 3 mm bis 7 mm. Dafür kannst du eine kleine Schnur anfilzen und in Stückchen schneiden, die du dann feucht auf einer Antirutschmatte zu Minikugeln rollst. Trockne die Kügelchen und nähe sie oben auf dem Ring fest.

Buchtipps für dich:

TOPP 5753
ISBN 978-3-7724-5753-1

TOPP 5755
ISBN 978-3-7724-5755-5

TOPP 3978
ISBN 978-3-7724-3978-0

TOPP 5759
ISBN 978-3-7724-5759-3

TOPP 5761
ISBN 978-3-7724-5761-6

TOPP 5752
ISBN 978-3-7724-5752-4

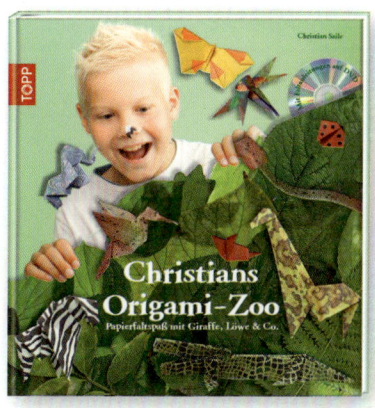

TOPP 5754
ISBN 978-3-7724-5754-8

Vorlagen

Manche Vorlagen hier im Buch wurden verkleinert. Diese Vorlagen bitte einfach mit dem angegebenen Vergrößerungsfaktor im Copyshop kopieren und dann diese Kopien wie normale Vorlagen nutzen.

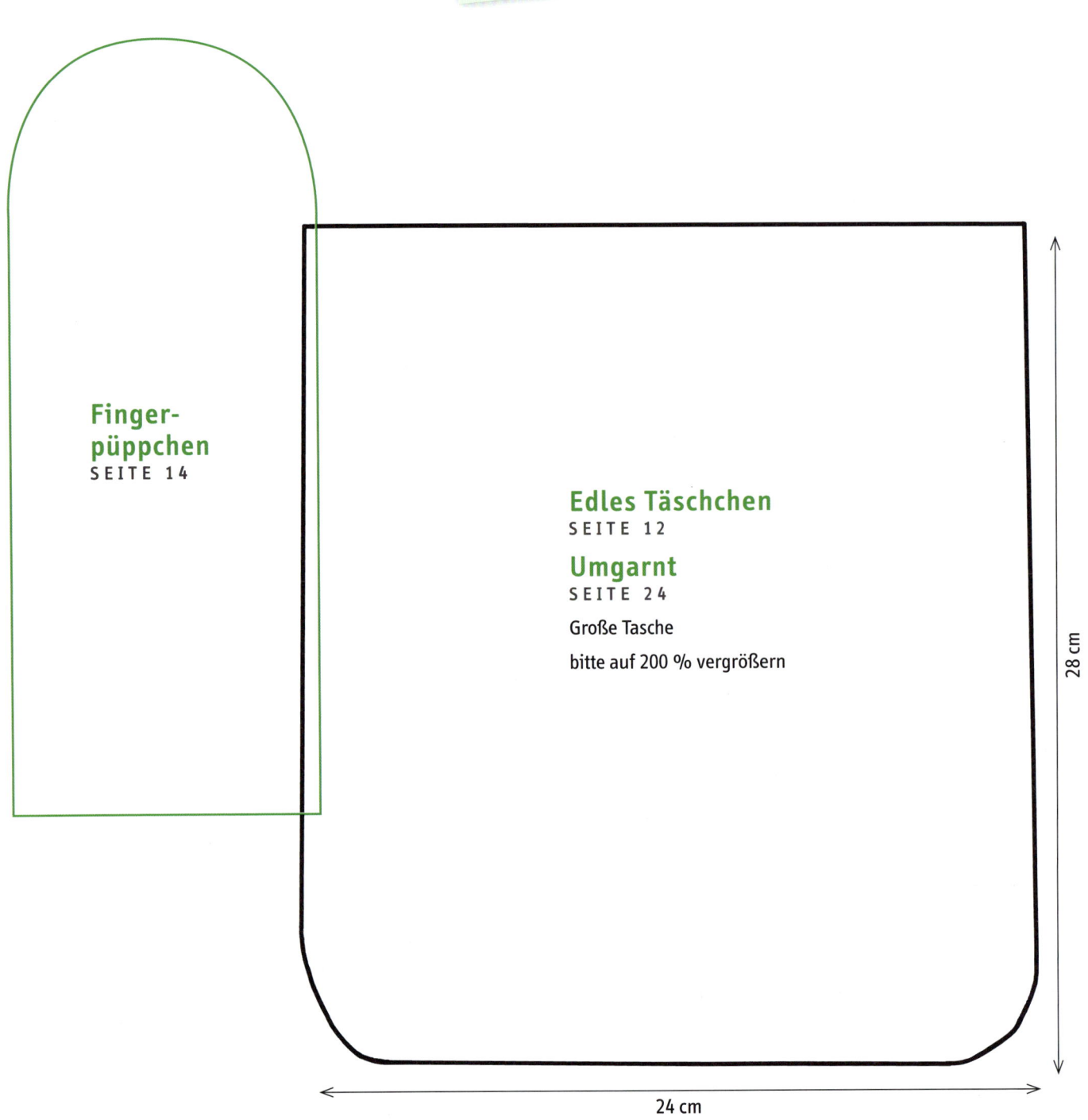

**Finger-
püppchen**
SEITE 14

Edles Täschchen
SEITE 12

Umgarnt
SEITE 24

Große Tasche

bitte auf 200 % vergrößern

28 cm

24 cm

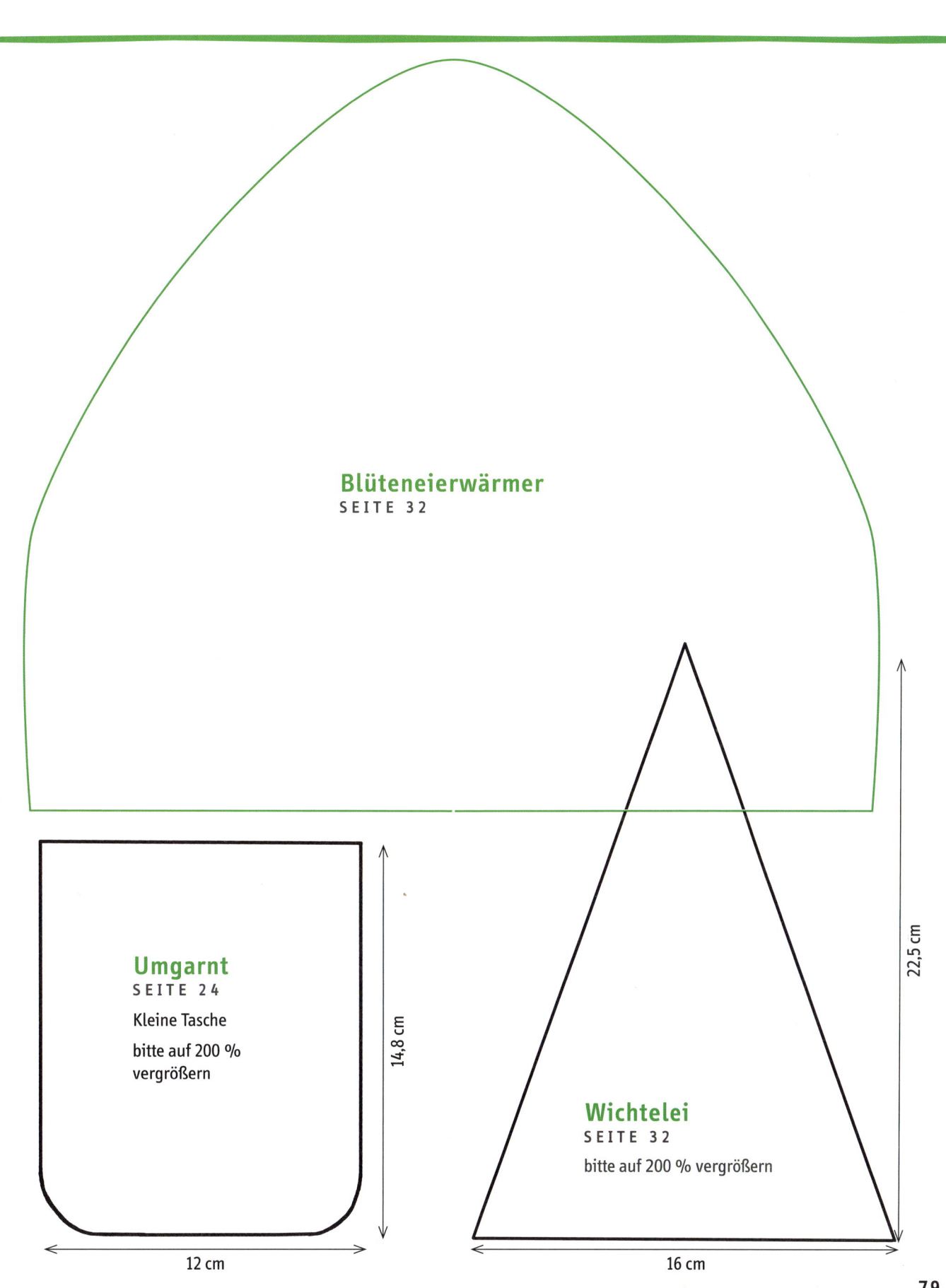

Blüteneierwärmer
SEITE 32

Umgarnt
SEITE 24

Kleine Tasche

bitte auf 200 %
vergrößern

14,8 cm

12 cm

Wichtelei
SEITE 32

bitte auf 200 % vergrößern

22,5 cm

16 cm

TOPP – Unsere Servicegarantie

WIR SIND FÜR SIE DA! Bei Fragen zu unserem umfangreichen Programm oder Anregungen freuen wir uns über Ihren Anruf oder Ihre Post. Loben Sie uns, aber scheuen Sie sich auch nicht, Ihre Kritik mitzuteilen – sie hilft uns, ständig besser zu werden.

Bei Fragen zu einzelnen Materialien oder Techniken wenden Sie sich bitte an unsere Kreativ-Hotline, Frau Erika Noll.

Das Produktmanagement erreichen Sie unter:
pm@frechverlag.de
oder:
frechverlag
Produktmanagement
Turbinenstraße 7
70499 Stuttgart
Telefon 07 11 / 8 30 86 68

LERNEN SIE UNS BESSER KENNEN! Fragen Sie Ihren Hobbyfach- oder Buchhändler nach unserem kostenlosen Kreativmagazin **Meine kreative Welt.** Darin entdecken Sie vierteljährlich die neuesten Kreativtrends und interessantesten Buchneuheiten.

Oder besuchen Sie uns im Internet! Unter **www.topp-kreativ.de** können Sie sich über unser umfangreiches Buchprogramm informieren, unsere Autoren kennenlernen sowie aktuelle Highlights und neue Kreativtechniken entdecken, kurz – die ganze Welt der Kreativität.

Kreativ immer up to date sind Sie mit unserem monatlichen **Newsletter** mit den aktuellsten News aus dem frechverlag, Gratis-Bastelanleitungen und attraktiven Gewinnspielen.

Katja Bayer ist in Stuttgart-Bad Cannstatt geboren und aufgewachsen. Dort hat sie auch das Abitur gemacht und das Schreinerhandwerk in einer Massivholzschreinerei erlernt. Nach dem Studium in Köln kam sie zurück in ihre Heimat und lebt seither mit ihren zwei Kindern in der Nähe von Stuttgart. Ihr Interesse galt schon von klein auf dem handwerklichen und gestalterischen Schaffen. So erweckten auf einem Kunsthandwerkermarkt ein Paar nahtlos gefilzte Kinderschuhe ihr Interesse für das Filzen. Sie machte den Filzer István Vidák ausfindig. Bei ihm erlernte sie Grundzüge der traditionellen turkmenischen Filzkunst. Durch Workshops, eigenes Ausprobieren, moderne Hilfsmittel und eine zwischenzeitlich größere Auswahl an Materialien entwickelte sie mit der Zeit ihren eigenen Stil. Ihre Kenntnisse vermittelt sie gerne in Filzkursen.

Ich möchte mich bei den vielen Kindern bedanken, die mit mir gefilzt haben und mir so das Wissen für dieses Buch vermittelt haben. Bei Sascha, die immer geduldig Korrektur gelesen hat, bei Micha, der sich die Zeit genommen hat, die Schrittbilder zu fotografieren, um so meine Vorstellungen umzusetzen, und bei den Mitarbeitern des Verlags.

Impressum

Neugestaltung von TOPP 5635

FOTOS: frechverlag GmbH, 70499 Stuttgart; Katja Bayer und Michael Speier (S. 7, 21, 37, 43, 55, 72 außerdem alle Arbeitsschrittfotos), Fotostudio Ullrich & Co., Renningen (Cover, S. 4/5, 11, 15, 19, 28, 31, 35, 41, 45, 57, 61, 65, 68, 69), Lichtblick, Jochen Frank, Laichingen (Schmutztitel, S. 17), Lichtpunkt, Michael Ruder, Stuttgart (S. 6, 8/9, 13, 22/23, 25, 29, 33, 47, 49, 50, 51, 52/53, 62/63, 75).

PRODUKTMANAGEMENT UND LEKTORAT: Anja Detzel
LAYOUT: Karoline Steidinger
DRUCK UND BINDUNG: APPL, Wemding

1. Auflage 2012   PRINTED IN GERMANY

© 2012 **frechverlag** GmbH, 70499 Stuttgart

ISBN 978-3-7724-5765-4 • Best.-Nr. 5765

Kreativ-Hotline

Hilfestellung zu allen Fragen, die Materialien und Bücher zu kreativen Hobbys betreffen: **Frau Erika Noll** berät Sie. Rufen Sie an oder schreiben Sie eine E-Mail!

Telefon: 0 50 52 / 91 18 58*
*normale Telefongebühren

E-Mail:
mail@kreativ-service.info